VALENTIN GROEBNER lehrt Geschichte an der Universität Luzern. Er hat zahlreiche Bücher zur Kultur- und Wissenschaftsgeschichte vorgelegt. Bei KUP erschienen *Ferienmüde. Als das Reisen nicht mehr geholfen hat* (2020), *Wissenschaftssprache digital* (2014) und *Wissenschaftssprache. Eine Gebrauchsanweisung* (2012).

Valentin Groebner

AUFHEBEN, WEGWERFEN

Vom Umgang mit schönen Dingen

Konstanz University Press

Umschlagabbildung: Domenico Remps, *Wunderkammer-Kabinett* (Scarabattolo), um 1690

Bibliographische Information der Deutschen Nationalbibliothek

Die Deutsche Nationalbibliothek verzeichnet diese Publikation in der Deutschen Nationalbibliographie; detaillierte bibliographische Daten sind im Internet über http://dnb.d-nb.de abrufbar.

www.k-up.de | www.wallstein-verlag.de
Konstanz University Press ist ein Imprint der Wallstein Verlag GmbH

Vom Verlag gesetzt aus der Chaparral Pro
Einbandgestaltung: Eddy Decembrino, Konstanz
Druck und Verarbeitung: Hubert & Co, Göttingen
ISBN 978-3-8353-9157-4

Inhalt

Intro

Muss ich das aufheben? Konsum, Vergnügen und die Geschichte des schlechten Gewissens

Das schlichte deutsche Wort Aufheben ist eine Wundertüte, ein Kontronym: Es wird gleichzeitig für ganz unterschiedliche und genau gegensätzliche Handlungen gebraucht. Aufheben kann »bewahren« bedeuten, als Gegenteil von wegwerfen. Aufheben heißt aber auch lösen und auflösen, wenn es um das Aufheben von Gesetzen, Sitzungen, Ausgangssperren und Zaubersprüchen geht. Im Deutschen gibt es noch mehr solcher Kontronyme. »Anhalten« zum Beispiel – wenn etwas anhält, geht ein Zustand entweder weiter, oder eine Bewegung hört auf. Oder »Umgehen« – mit etwas umgehen, also: es gebrauchen. Oder: Etwas umgehen, also: es vermeiden.

Die Geschichte des Wortes, das wir für alle Vorgänge des Kaufens, Brauchens und Verzehrens verwenden, nämlich Konsum, bezeichnet genauso Mehrdeutiges. Lateinisch *consumere* bedeutet aufzehren, abnutzen, verschwenden und beseitigen – die Zeit, aber auch Lebensmittel und Gegenstände, und in dieser Bedeutung ist das Wort im 12. Jahrhundert ins Französische und von dort in die anderen europäischen Sprachen gewandert. Direkt darauf folgt im Wörterbuch ein weiteres Verb, *consummare*. Abgeleitet von *summa*, Summe heißt es zusammenrechnen und vollenden, die eigene Dienstzeit zum Beispiel. Das Wort taucht in antiken Quellen häufig auf, in der Bedeutung von erledigen, und so auch in dem bis heute wirkungsvollsten aller spätantiken Texte, der lateinischen Fassung des Neuen Testaments. *Consummatum est* sagt dort der sterbende Christus am Kreuz.[1] Beide Worte sind in die mittelalterlichen Volkssprachen gewandert und dort miteinander verschmolzen, *consumer, consume, consumare*, konsumieren.

Ums Aufheben, Umgehen und Konsumieren geht es im Folgenden: Um das Hantieren mit dem Schönen – schönen Bildern und schönen Gegenständen. Was macht einen Gegenstand für seinen Betrachter schön? Woher kommt der Impuls, einen solchen Gegenstand oder ein Bild unabhängig von seinem konkreten Nutzwert selbst besitzen zu wollen – so selbstverständlich, dass eine populäre österreichische Website für private Wiederverkäufer schlicht »willhaben« heißen kann?

In den letzten Jahren sind viele lesenswerte Arbeiten zur Konsumgeschichte und zum besonderen Verhältnis zu den Dingen erschienen, mit denen wir uns umgeben und die wir um uns aufhäufen. Auch das hier ist ein historischer Versuch, aber in der Form eines Essays – einer lose organisierten Wertstoffsammlung. Er ist keine Wirtschaftsgeschichte im üblichen Sinn. Die Entwicklungsschübe des Konsums und die Vervielfachung der persönlichen Haushaltsgegenstände im 18. und 19. Jahrhundert kommen nicht vor. Es geht mir auch nicht um die Geschichte des Designs und des guten Geschmacks und die paradoxen Verhältnisse von beidem zur Massenproduktion – zu all dem gibt es schon genug Bücher, und viele davon sind großartig. Mich interessiert, was am Beginn des 21. Jahrhunderts schöne Dinge in den Augen ihrer Besitzer schön macht.

Mein Untersuchungsfeld ist also der eigene private Alltag. Mir geht es um jene im strengen Sinn unnützen schönen Dinge, die Privatleute erwerben und in ihren Wohnungen aufbewahren; um jene Gegenstände und Bilder, die von ihren Besitzerinnen und Besitzern ausschließlich wegen der besonderen und besonders starken Wirkung auf ihre eigene Person erworben werden. Was macht den Zauber dieser Gegenstände und Bilder aus? Was geschieht mit ihnen, nachdem man sie in Besitz genommen hat? Wie verändert sich das Verhältnis zwischen den Dingen und ihren Betrachtern über längere Zeiträume?

In Untersuchungen zu Ästhetik und Konsum ist auffällig oft von der ersten Person Plural die Rede, wenn es um dieses Schöne geht. Wer ist mit ›wir‹ dabei genau gemeint? Damit es nicht nur um meine eigenen

Schränke, Regale und Schubladen geht, ist mein Ausflug in die Alltagsgeschichte des Umgangs mit dem Schönen begleitet von Interviews, die ich zwischen 2020 und 2022 mit Frauen und Männern geführt habe, die sich mit der Produktion, Bewertung und Akkumulation von Bildern und Gegenständen befassen – Fotos, Kunstgegenständen, Einrichtungen, Büchern. Was ist für eine Galeristin, einen Sammler und Kurator, einen Kunsthistoriker und eine Fotografin das Schöne, und wie definieren sie es? Wie beschreiben sie das Verhältnis zwischen dem Alltäglichen und dem Schönen? Was geschieht mit schönen Gegenständen, nachdem man sie erworben hat? Und vor allem: Lassen sie sich unbegrenzt vermehren?

Denn irgendwann ist die eigene Wohnung ja voll – und Keller und Dachboden sind es auch. Konsum im Alltag erzeugt besondere Zonen von Unübersichtlichkeit: Willkommen auf der weichen Unterseite der Wachstumsgesellschaft. Wie sind die Lust am ganz besonderen Schönen, die Suche danach und der Überdruss am überreich Vorhandenen miteinander verbunden?

Vergnügen und Überfluss im Umgang mit Alltagsdingen wirken am Beginn des 21. Jahrhunderts mindestens leichtfertig, wenn nicht provokant. Die Geschichte des Konsums wird heute eng und zu Recht mit dem Klimawandel und der Zerstörung kollektiver Ressourcen verknüpft. Das ist aber nicht ganz neu. Die Geschichte der schönen Dinge und der Lust an ihnen ist seit sehr langer Zeit eine Geschichte des Redens über das schlechte Gewissen, das man selber angesichts dieses Vergnügens empfindet, oder wenigstens empfinden sollte. Die Flut von verlockenden neuen Alltagsgegenständen, die das christliche Europa ab dem 13. und 14. Jahrhundert aus dem Nahen und Mittleren Osten erreichte – Textilien aus Baumwolle und Seide, Parfums, Seife, Schmuckstücke und neue Spiele, von Gewürzen und Zucker ganz zu schweigen – war durchsetzt mit strengen moralischen Ermahnungen durch die Prediger der Bettelorden: Sie inszenierten inmitten der »consumer revolution« des späten Mittelalters für ihre wohlhabenden Kunden demonstrative Bedürfnislosigkeit. Das rasante Wachstum des Waren- und Handelsverkehrs zwischen dem 15. und dem 18. Jahrhundert machte nicht nur massenhaft verlockende neue Gegenstände zugänglich, sondern erzeugte auch die Vorstellung einer tugendhafteren und genügsameren Vergangenheit, in die man zurückkehren könnte, wenn man nur wollte.[2]

Jedenfalls in der Theorie. Für den Philosophen Jean-Jacques Rousseau waren Luxuskonsum, Ungleichheit und Sklaverei untrennbar miteinander verbundene Konsequenzen derselben Entfremdung – seine *Abhandlung über den Ursprung und die Ungleichheit unter den Menschen* erschien 1754. Der indische Rechtsanwalt Mahatma Ghandi, ein fleißiger Leser von Ruskin und Tolstoj, schrieb 1909, Konsumenten seien gewalttätige

Kreaturen: die unersättliche Gier nach Luxusartikeln zerstöre die Gemeinschaft. Und der holländische Kulturhistoriker Johan Huizinga beklagte in den 1930er Jahren die Infantilisierung des sozialen Lebens durch allgegenwärtige Werbeslogans und hemmungslosen Konsum – drei eher zufällig gewählte Beispiele, die Liste ließe sich problemlos verlängern.

Leider hat es die damit heraufbeschworene gute alte Zeit, in der die Menschen mit dem zufrieden waren, was sie hatten, nie gegeben. Materieller Konsum war auch in seinen exaltierten luxuriösen Varianten in der Vergangenheit nie das Gegenteil religiöser Kultur, sondern überall auf der Welt problemlos mit ihr vereinbar, hat der Historiker Frank Trentmann in seiner großen Geschichte der Warenlust formuliert.[3] Ebenso beharrlich handeln die Debatten über Konsum von Verschwendung, Schuld und Vergiftung. Ihre Grundmotive sind uns sehr vertraut: Sie sind allerdings um einiges älter als die Dampfmaschine und der Verbrennungsmotor und haben lange und ziemlich komplexe religiöse Vorgeschichten.

Dieser Essay ist kein solches Unternehmen in moralischer Absicht. Ich möchte vielmehr versuchen, das persönliche Aufheben und Wegwerfen von Dingen – das Vergnügen und den Überdruss am Überflüssigen – in einigen mir zugänglichen Erscheinungsformen am Beginn des 21. Jahrhunderts so genau wie möglich zu beschreiben. Denn so einfach ist das offenbar nicht mit den schönen Gegenständen. Seit vielen Jahrhunderten soll freiwilliger Verzicht das Gute wiederherstellen und die Gemeinschaft vor den Folgen ihrer eigenen Begierden retten. Wer eine radikale Reduktion auf das Notwendige praktiziert, wird aus seinen falschen Wünschen erlöst werden und mit Glück und höherer Einsicht belohnt, lehren seit gut zweieinhalbtausend Jahren heilige Schriften ganz unterschiedlicher Autoren und Glaubensrichtungen. Das Wenige ist das Gute. Und das Schöne erst recht.

Es ist also alles ganz einfach. Und wieso verzichte ich dann nicht auf all mein unnötiges Zeug?

1 Das diskrete Unentbehrliche

Bury your treasure where it can't be found
Bury it deep in hallowed ground
(The Violent Femmes, *Hallowed Ground*, 1984)

Die Wohnung des Kollegen. Der große Tisch im Wohnzimmer ist zur Hälfte bedeckt mit neu gekauften Büchern, in großen Stapeln. An der Wand dahinter hängt ein Foto, das ihn, seine Mutter, seine Exfreundin, deren Mann und deren Sohn zeigt. Daneben ein Foto seiner Frau. Darunter ein verglaster Büroschrank aus den 1930er Jahren, in dem er die Erstausgaben aufbewahrt, die er in Antiquariaten gefunden hat. Daneben seine eigenen Bücher, in chronologischer Reihenfolge aufgestellt. Wenn ich zum Abendessen bei ihm eingeladen bin, nimmt er immer auf dem Stuhl genau davor bzw. darunter Platz. Das sieht gut aus, er ist dann sozusagen gerahmt von den Gegenständen, die ihm am wichtigsten sind.

»Privataltäre« hat die Fotografin Rosa Schamal solche sorgfältige Zusammenstellung alltäglicher, aber bedeutungsvoller Dinge an den Wänden und auf den Ablageflächen in der eigenen Wohnung genannt. Sie schaffen innerhalb des jeweiligen Zimmers einen besonderen Raum, eine Art persönlichen Mikrokosmos. »Von einem Götzenbild zum nächsten«, notierte die Schriftstellerin Elizabeth Hardwick über ihre Besuche bei Freunden. »Jedes Haus ist ein Schrein.«[4] In meiner Wohnung gibt es auch solche Installationen. Ich möchte, dass sie sichtbar, aber nicht zu aufdringlich sind. Sie zeigen, dass ich hier wohne, erinnern mich daran, was mir wichtig ist und führen es auch anderen vor Augen.

In praktisch jeder Wohnung wird an zentraler Stelle ein Gegenstand oder ein Bild präsentiert, das für seine Besitzerin oder seinen Besitzer dessen Unabhängigkeit verkörpert: das eigentliche Eigenste, die innere Burg, die geträumte Autonomie. In jeder Wohnung befindet sich an zentraler Stelle ein Gegenstand oder Bild, das als Stammestotem dient: Da komme ich her, dort gehöre ich hin, das ist mein Ahne, mein Schutzgeist, mein Häuptling. Und in jeder Wohnung steht ein Ding oder hängt ein Bild, das für ihre Bewohner die Zukunft darstellt – die angestrebte Veränderung, die Utopie, den großen Wunsch, Sinnbild, Accessoire und ein Unterpfand des zukünftigen guten Lebens der- oder desjenigen, die es aufgehängt oder hingestellt hat. Über diese magischen Gegenstände dürfen nur diejenigen Witze machen, denen sie gehören und die sie aufgestellt oder aufgehängt haben, die anderen nicht.

Altäre und Totems

»The Burning House« heißt der Blog auf tumblr. Wenn dein Haus brennt, wird dort gefragt, und du kannst maximal zehn Dinge einpacken, für welche würdest du dich entscheiden? »Das ist der Konflikt zwischen dem Praktischen, dem Wertvollen und dem Sentimentalen. Was Du mitnimmst, zeigt Deine Interessen, Deine Herkunft und was Dir am wichtigsten ist. Nimm es als ein Interview, kondensiert in eine einzige Frage.«[5] Wer weiter klickt, bekommt dann die Ich-Dinge präsentiert, ohne die es nicht geht im Ernstfall, in langen Serien, ausgebreitet auf einem Tisch oder auf dem Fußboden: Badeanzüge (zwei), ein Laptop, Schuhe. Kinderzeichnungen. Familienfotos. Oder: eine Kamera. Zeichenstifte. Ein Fotoalbum. Oder: eine E-Gitarre, ein Skateboard, Brille, Uhr, Taschenmesser. (Aber keine Schuhe.) »The Burning House« zeigt erstaunlich viele Stofftiere, analoge Kameras und Notizbücher. Auch eine Handfeuerwaffe, aber nur eine. Nur ein einziges Kind ist zu sehen, aber die meisten der Personen, die hier zwischen 2011 und 2019 ihre allerliebsten Gegenstände dokumentiert haben, waren damals zwischen 15 und 29. Ein 67jähriger zeigt seine Golfschläger und seine Medaillen. Einer hat nur seine Autoschlüssel und seinen Führerschein geknipst.

Initiiert hatte den Blog der amerikanische Fotograf und Designer Foster Huntington im Mai 2011, der später ein Fotobuch und einen Film gleichen Namens daraus gemacht hat, jeweils mit der bohrenden Frage als Untertitel: »Was würdest Du mitnehmen?«

Alle diese Dinge sind offensichtlich aufgeladen mit psychischen Eigenschaften: Die Wirkungen, die sie auf ihre Besitzerinnen und Besitzer ausüben, sind von ihrem schlichten Gebrauchs- und Tauschwert abgekoppelt und gehen weit darüber hinaus in andere, schwerer beschreibbare Bereiche. Die Freundin schreibt mir von dem Fortbildungskurs in Arbeitsmanagement und Selbstfürsorge, den sie im Frühjahr 2021 absolviert hat. Dort wurde den Teilnehmern empfohlen, sich eine Figur auf den Schreibtisch zu stellen, die das Recht aufs Nein-Sagen verkörpere: Der Gegenstand, der einem die eigene Entscheidungsfreiheit präsent mache, die man immer habe und so leicht vergesse.

Ein solcher Gegenstand, mit dessen Hilfe man sich der eigenen Person untrüglich versichern kann, spielt in Christopher Nolans Film INCEPTION von 2010 eine entscheidende Rolle. INCEPTION handelt von der technischen Möglichkeit, Träume (und Träume innerhalb von Träumen) zu konstruieren und dadurch in das Unbewusste anderer Personen einzudringen. Im Film wird diese aufwendige Prozedur für Industriespionage ebenso verwendet wie für das Einpflanzen einer Idee in den Kopf einer anderen Person, die sie für ihre eigene hält – daher das Titelwort, angelehnt an »deception«, Täuschung.

Christopher Nolans Film ist nicht nur kluge Reflektion über das Wesen des Kinos als industriell gefertigter Traum (in ihm fällt der wunderbare Satz: »Kommen sie mit mir an den Ort, wo wir beide wieder junge Männer sein können«), sondern auch über die besondere Versicherung, die in einer Welt der Simulation von materiellen Gegenständen ausgeht. Denn in INCEPTION trägt jeder der kühnen Traumreisenden einen kleinen materiellen Gegenstand mit sich, dessen Berührung ihm die Möglichkeit gibt, sich darüber zu vergewissern, ob er sich in der Wirklichkeit befinde oder nicht. Er wird »Totem« genannt.

Bräuche und Rüstungen

Rituale und Bräuche, bilanziert der Historiker Frank Trentmann trocken, seien nicht einfach Kennzeichen vormoderner, sondern mindestens ebenso so sehr moderner Gesellschaften. Diese Rituale rund um besondere Gegenstände, die wir im 21. Jahrhundert in unserem Alltag ununterbrochen und mit großer Hingabe und Selbstverständlichkeit befolgen, sind der blinde Fleck jener vielen besorgten modernen Gelehrten, die wie Bruno Latour ebenso beredt wie melancholisch über die vermeintliche »Dingvergessenheit« der modernen Sozialtheorien geklagt haben oder, wie ganze Generationen vor ihm, über die Kolonisierung und Zerstörung »traditioneller« Bräuche durch die modernen Industrie- und Konsumgesellschaften. Wir schreiben vielen Gegenständen in unserem Alltag ohne weiteres Handlungsfähigkeit, Intentionen und sogar Wahrnehmungsfähigkeit zu. Wir fühlen uns persönlich betrogen, wenn sie plötzlich aufhören zu funktionieren, und betrachten ihre absichtliche Beschädigung durch andere als persönliche Verletzung – der Ethnologe Alfred Gell hat das »vehicular animism« genannt. Bei Autos und Computern ist das besonders offensichtlich, aber es gilt für ziemlich viele Gegenstände unseres persönlichen Bereichs. Wir glauben, dass Gegenstände die Essenz einer Person annehmen und nach ihrem Tod weiter bewahren können – würden wir sonst Familienerbstücke aufbewahren? Wir glauben, dass besondere Gegenstände den Ablauf der Zeit verlangsamen oder sogar anhalten und dass wir mit ihrer Hilfe unsere Erinnerungen sicher aufbewahren; ihr Verlust wird als bedrohlich empfunden, als ob mit ihnen auch ein Teil der eigenen Geschichte verschwinde.[6] Peinlich genau befolgte Riten und Zeremonien prägen unseren Alltag, im Zusammensein mit anderen wie im allerprivatesten Bereich. Das gilt nicht nur für die Geschichte des Weihnachtsfests oder des Skiurlaubs im wohlhabenden Mitteleuropa, sondern erst recht für den Umgang mit den Dingen, die wir kaufen, erben oder geschenkt bekommen und mit Bedeutungen aufladen.[7]

Kurz, die eigenen Dinge sind nicht passiv. Sie enthalten stumme, aber stark wirksame Direktiven, auf welche Weise sie benutzt werden können und sollen. In ihnen existieren lang vergangene und verschwundene Ereignisse und Personen weiter, als wirkmächtige Materialisationen von Vergangenheit. Dinge sind aber auch materialisierte Pläne. Sie weisen auf zukünftige Zustände und lassen sich als Veränderungsgegenstände beschreiben, die mir ermöglichen, etwas neu und anders zu tun und mich selber dabei und damit in eine gewünschte Richtung zu verwandeln. »Intensiv ist, was sich der Kategorisierung entzieht und sich nicht reduzieren lässt«, hat der Philosoph Tristan Garcia geschrieben.[8] In den Dingen, die ich als besonders schön empfinde, ist diese Intensität sozusagen gespeichert.

Denn die schönen Dinge werden von ihren Besitzerinnen und Besitzern nicht immer und nicht ausschließlich dafür gebraucht, wofür sie gemacht worden sind. Davon zeugt schon ein flüchtiger Blick in die Wohnungen von Freunden und Kolleginnen – und in meine eigene sowieso. Die Bücher, die mir besonders wichtig gewesen sind, sind eben nicht nur Texte, sondern auch sprechende Gegenstände im ganz wörtlichen Sinn. Deswegen werden die Freud-, Foucault-, Barthes- oder Deleuze-Ausgaben, je nach eigener Vorliebe und Lesebiografie, so gut sichtbar an einem zentralen Ort präsentiert. Zuerst sind sie

Veränderungsgegenstände, ein Unterpfand der eigenen Verwandlung durch Lektüre. Dann werden sie eine Art Schutzwall, eine Art Staumauer gegen neue Phänomene, denen ihre Besitzer und Besitzerinnen vielleicht nicht mehr gewachsen ist. Und gegen die unerbittlich weiterlaufende Zeit.

Schöne Dinge sind mit den eigenen Lebens- und Arbeitsumständen eng verknüpft: Ich suche mir die Lieblingsdinge, die meine eigenen Gewohnheiten verstärken oder mir neue ermöglichen. Als ich als 20jähriger aus Österreich nach Westdeutschland zog, war dieses Versprechen auf Entkommen aus der allzu eng gewordenen Herkunft in Dingen materialisiert. Zuerst die richtige Lederjacke – in den 1980er Jahren als emotionaler Ausrüstungsgegenstand und Jungmann-Körperpanzer unersetzlich. Dann der richtige Laptop. Dann die richtigen Bergschuhe und der richtige Rucksack aus dem richtigen Outdoor-Laden, in dem man praktischerweise das Equipment fürs intensive richtige Leben kaufen konnte. Outdoor war Entkommen, Weiterkommen und Verwandeltwerden durch die richtigen Dinge, mit denen man dann an den richtigen Orten landete – und dort die richtigen Frauen traf: Man konnte sie in den Katalogen anschauen, herbe natürliche Schönheiten in Fleecejacken. Die Fleecejacke löste dann irgendwann die aus Leder ab. Nicht nur bei mir, sondern auch bei ziemlich vielen anderen Leuten um mich herum. Seit ein paar

Jahren tragen wir alle Daunenjacken, wir möchten es noch kuscheliger.

»Wir wollen genau diesen Stoff, diesen Schnitt, diese Farbe«, hat Emanuele Coccia geschrieben, ein anderer Philosoph des Alltagslebens im 21. Jahrhundert, »als wären es Markierungen, Anleihen, von denen unsere Zukunft abhängt. [...] Das eigentümliche Paradox aller Kosmetik und Kleidung ist die Tatsache, dass eine vollkommen fremde Portion Welt uns und unserem Ich näher kommt als unser eigener Körper.«[9] Kleider sind natürlich schön und praktisch (oder auch nicht), aber vor allem sind sie die Kurzform von menschlichem Leben: intime und hautnahe Fortsetzungen der Körper, die sie bedecken. Diese besonderen Dinge sind mit den Körpern lebendig, die sie umgeben: Wenn diese Körper tot oder verschwunden sind, geschehen auch mit ihren Hüllen erstaunliche Veränderungen.

Wir wollen uns selber in unseren Dingen wiedererkennen – und eben nicht nur in den Kleidern, sondern auch in allen anderen Ausrüstungsgegenständen, die als Fortsetzungen des eigenen Körpers brauchbar sind. »All die älteren Männer«, erzählt mein Physiotherapeut lachend, »die unbedingt jungbleiben und abnehmen wollen und dafür über Alpenpässe radeln. Du bist auch so einer.« Das stimmt.

»Aber eines«, ergänzt er maliziös, »verstehe ich nicht. Wenn es so anstrengend wie möglich sein soll und man davon abnehmen soll und ordentliche Muskeln kriegen, warum nehmen die dann nicht ein altmodisches schweres Fahrrad, damit es anstrengender wird, statt dem superleichten teuren Rennrad?«

Weil mein Rennrad eben mein Zweitkörper ist, mit all den Eigenschaften, die ich mir für meinen Erstkörper auch wünsche: belastbar, zäh, superleicht und mit den verlockenden libidinösen Anschwellungen an den richtigen Stellen. Mit einem Auto geht das natürlich auch. Der Identifikationsmechanismus ist dabei noch ausgeprägter, weil man das durstige starke Tier auch fauchen und aufröhren lassen kann, und die Schwellungen sind anderswo. Dieser Zweitleib ist nicht nur Körperbeschleunigung, wie mein Fahrrad, sondern auch noch Familiensofa, Kübelwagen und Schützenpanzer in einem – plus Selbstdarstellung, Ego-Ausweis.

Wir benutzen Dinge, um uns selbst vor anderen und für andere vorzustellen und aufzuführen. Vor zwei, drei, vier Jahrhunderten geschah das mit Amtsroben, Rüstungen, Orden und Epauletten. Welche Gegenstände haben ihre Funktionen übernommen, nämlich die Abwehr des sozial Unerwünschten, die Markierung der eigenen Besonderheit, die augenfällige Distanzierung von den anderen? Hochhackige Schuhe. Anzüge. Sonnenbrillen. Hornbrillen. Schmuck. Armbanduhren. Smartphones. Kopfhörer. Schminke. Handtaschen. Bärte. Ist das alles Körperteil oder Ding?

Beides. Alle solchen »Das-ist-wichtig-für-mich«-Dinge wohnen in einem Zwischenreich zwischen

Passivität und Aktivität. In ihm verfügen sie über eine schwer bestimmbare Handlungsmacht, und die kann in manchen Situationen sogar diejenige ihrer Benutzerinnen und Benutzer durchkreuzen. Sie hätte Mühe, Dinge wegzuwerfen, die sie zwar besessen, aber nie so richtig benutzt und gemocht hätte, hat die Publizistin Andrea Roedig geschrieben. »Vielleicht weil ich denke, sie schulden mir noch etwas – oder ich ihnen. Gekaufte Gegenstände sind wie Leibeigene. Sie sind unsere Sklaven, wir aber auch die ihren, in dieser eigenartigen Verantwortung.«[10] Es gebe richtige und falsche Dinge. Die richtigen machten fröhlich. Die falschen verstärkten nur die Traurigkeit, aus der man mit ihrer Hilfe entfliehen wollte. So wie Erinnerungsstücke von früher einen vor bedrohlichen zukünftigen Veränderungen bewahren sollen, sollen aufgehobene ungebrauchte Gegenstände ihren Besitzerinnen und Besitzern die Zukunft ermöglichen, die sie sich wünschen. Sie ist in diesen besonderen Gegenständen gespeichert, und zwar nur dort, und nur mit ihrer Hilfe wird man sie realisieren können – irgendwann.

Und dann gibt es schließlich das Eigenleben der Dinge, nachdem man sie doch noch weggeworfen hat. Alte Skier zum Beispiel, hat mir der Tiroler Fotograf Lois Hechenblaikner erzählt, seien schwierig zu entsorgen. Weil sie für maximale Elastizität und Federwirkung konstruiert sind, bewegen sie sich in den Mülldeponien. Sie reagieren auf Druck von oben, zum Beispiel durch die Bagger, die das Material in die Abfallgrube transportieren und dort verdichten; die scharfen Metallkanten der Skier beschädigen die Hydraulikschläuche von Müllbearbeitungsmaschinen. Deswegen müssen sie aufwändig in Stücke von einem halben Meter Länge geschnitten werden, bevor sie in die Deponie wandern. »Wenn irgendwann einmal in der Zukunft die Archäologen diese gleichmäßig abgeschnittenen Skier finden«, überlegte er laut, »zu zehntausenden, in tiefen Gruben rund um Salzburg, Zürich, München – was denken sie dann über uns?«[11]

Wo steckt das Vergnügen?

Die Galeristin:

Wie würde sie das Schöne definieren?

Das Schöne ist etwas sehr Persönliches; etwas, das im Gleichgewicht ist, in Harmonie. Es macht mich glücklich, wenn es am richtigen Ort ist und ich es anschaue. Schön kann auch eine Bewegung sein. Die ist dann im besten Fall auch ansteckend.

Und das stillgestellte Schöne, auf einem Bild, in einem Objekt?

Das ist etwas Innerliches. Wenn man es haben will, nicht nur ansehen, dann steht es immer auch für etwas Größeres, das mich berührt, eine Art Transzendenz.

Und wegen der Transzendenz will man es haben?

(Lacht.) *Wahrscheinlich. Bei mir selber kommt dann eine gewisse Melancholie dazu, das Vergängliche. Das Schöne ist deswegen schön, weil es gleichzeitig ganz verschiedene Empfindungen transportieren kann. Überraschung ist wichtig. Schönheit ist Wiedererkennen, glaube ich, von etwas, dass man auf den ersten Blick nicht ohne weiteres einordnen kann, das aber starke Wirkungen entfaltet.*

Irgendwann habe ich angefangen, mich für die Geschichte der Dinge zu interessieren, die ich besonders mag. Die Geschichte erzählen heißt, den Gegenstand auseinanderzunehmen. Woraus ist er gemacht? Was sind das für Einzelteile, und womit sind sie verbunden? Wieso passt das alles so gut zusammen? Und wo steckt das Vergnügen?

Die Tasse habe ich seit 12 Jahren: Lieblingsteetasse, täglich einmal, meistens mehrfach benutzt. Für Schwarztee ist sie perfekt. Sie hat die richtige Größe – ich trinke viel Tee, und ich will mir nicht dauernd nachschenken müssen –, das richtige Gewicht, den richtigen Henkel und den richtigen Rand. Weintrinker wissen, wie entscheidend die Dicke und der Rand des Weinglases für den Geschmack sind. Teetrinker auch. Das glatte weiße Porzellan mit der blauen Glasur und der Tee darin – leuchtend braunrot, dampfend und duftend – ergeben zusammen etwas, das sehr einfach ist und gleichzeitig sehr kompliziert, nämlich Vergnügen.

Alle Kulturen, die es überhaupt wert seien, dass man sie kennenlerne, hat der indische Journalist und Gastronom Maazin Buhari geschrieben, erschlössen sich einem am besten durch ihr Verhältnis zu Tee.[12] Aus Porzellantassen schmeckt Tee am besten, und in ihnen sieht er am besten aus. Der Aufstieg von Tee zum eleganten Genussgetränk vor zwölf Jahrhunderten in China ist untrennbar verbunden mit der Produktion von Porzellangefäßen, hauchdünn und genauso elegant.

Vergnügen funktioniert einfach, aber es ist selbst nichts Einfaches, sondern die Verschmelzung von getrennten und gegensätzlichen Elementen und Empfindungen: Der Duft und die Bitterkeit des Tees, das Material und die Glasur der Tasse. Willkommen in der Globalisierungsgeschichte der Genussdinge. Irgendwann zwischen dem 4. und dem 8. Jahrhundert wurden in den Brennöfen von Xing, Zeijang und Jingdezhen die Ausgangsmaterialien Kaolin, Feldspat, Quarz mit den Metallpigmenten der Glasur zu etwas Neuem verschmolzen, das auf neue Weise Vergnügen erzeugte. Während die älteren hellgrünen Schalen das Aussehen älterer (und noch teurerer) Trinkgefäße aus Jade nachahmten, ahmte das Porzellan aus Jingdezhen gar nichts nach. Es war einfach es selbst, weiß, elegant, makellos. Und mit feinem Klang, wenn man mit dem Finger daran stößt.

Ein zum Gegenstand gewordenes Vergnügen. Und Fusion mit dem, was die Chinesen im 11. Jahrhundert *huihui qing* nannten oder *sumali qing*, von arabisch *samawi*: Das Blau der Muslime. Die Kobalterze, die man dafür brauchte, kamen acht Jahrhunderte lang aus persischen Bergwerken und hatten 8000 Kilometer Seidenstraße hinter sich, wenn sie in Jingdezhen ankamen. In den kaiserlichen Werkstätten wurde chinesischer Feldspat und persisches Pigment bei 1250 Grad Celsius zu immer neuen islamisch-chinesischen Mustern verschmolzen. Diese dekorativen weiß-blauen Ranken, Blüten, Drachen und Landschaften würden in den nächsten Jahrhunderten von Iznik, Meissen usw. immer weiter kopiert werden.[13] So geht Eleganz. Sie ist Plagiat – die klassische gewordene Form als Kopie der Kopien der Kopien.

Vergnügen ist das, was scheinbar schwerelos und wie von selbst große Entfernungen überwindet. Persisch wurde unter den Yuan-Kaisern eine der drei offiziellen Amtssprachen des Reichs der Mitte; auch Kublai Khans Höfling Marco Polo sprach sie. Sie war die Verkehrssprache im Exporthafen Quanzhou, in dem sich chinesische, persische, arabische und indische Handwerker und Kaufleute mischten, wie der marokkanische Weltreisende Ibn-Battuta ein halbes Jahrhundert nach Marco Polo schrieb. Wo immer das blauweiße Porzellan auftauchte, verdrängte oder veränderte es binnen weniger Jahrzehnte die dort hergestellte Keramik. Als die erste globalisierte Luxusware wurde es über die maritime und die terrestrische Seidenstraße in die gesamte damalige zivilisierte Welt exportiert, von den Philippinen bis Ägypten und Istanbul.

Vergnügen ist unwiderstehlich, so wie Teetassen aus Porzellan. Der Tee, den ich daraus trinke, hat ein bisschen länger nach Europa gebraucht. Drei Jahrhunderte nach Ibn-Battuta wurde er in England zum exklusiven Modegetränk der Oberschicht; und noch einmal eineinhalb Jahrhunderte später so verbreitet, dass die britische Regierung die Abhängigkeit vom Monopolproduzenten China und ihre negative Handelsbilanz mit allen Mitteln auszugleichen versuchte. Eines davon war die Produktion von Opium in Indien für den Import nach China. Im Austausch für dieses Gift, bemerkte 1836 der britische *Quarterly Review* selbstkritisch, erhalte Großbritannien sein gesundes und wohlschmeckendes Lieblingsgetränk. Als die chinesische Regierung Opium verbot, schickte das britische Empire Kriegsschiffe. Die zwanzigtausend chinesischen Opfer des ersten Opiumkriegs zwangen den chinesischen Kaiser zum Nachgeben; die britischen Verluste hatten 69 Mann betragen.

Tee hat das Image von Verfeinerung und Kultiviertheit, aber seine Geschichte in der Moderne ist keine friedliche Angelegenheit.[14] Britische Unternehmer begannen zuerst in Assam, dann in Darjeeling und auf Sri Lanka mit der großflächigen Rodung von Urwäldern. Ihr neues Produkt war der auf riesigen Plantagen industriell erzeugte schwarze Tee – als »roter Tee« ursprünglich ebenfalls eine chinesische Erfindung. Binnen weniger Jahrzehnte hatte er die von Kleinbauern produzierten älteren Varianten vom Markt verdrängt. Für seine Herstellung wurden ganze Landschaften radikal umgekrempelt und Millionen von billigen Arbeitskräften angeworben. Das traurige Schicksal der »plantation Tamils« auf Sri Lanka gehört ebenso in diese Geschichte wie eine Meldung, die am 28. Dezember 2012 in indischen und singhalesischen Tageszeitungen erschien. Nach Konflikten um unbezahlte Löhne und misshandelte Angestellte hatten hunderte aufgebrachte Arbeiter einer Teefabrik in Assam den Bungalow des Besitzers umstellt und angezündet; er kam dabei ums Leben.

Das alles steckt in meinem Tee. Und in meiner Tasse. Der Gegenstand, der vorher einfach eine so selbstverständlich gelungene Kombination von weißem Porzellan, blauem Muster und duftendem Getränk war, sieht anders aus, wenn ich erst einmal anfange, nachzuschauen und nachzulesen. Seither bin mir auch nicht so sicher, ob »MyChina!« eine wirklich gelungene Bezeichnung für die Kollektion von Porzellangeschirr ist, aus der meine Teetasse stammt. Der Vergnügensgegenstand bestätigt seinem Besitzer dessen eigene Kultiviertheit und nimmt ihn vor den hässlichen Aspekten seines Genießens in Schutz. Oder verspricht es zumindest. Wenn ich meine Lieblingsteetasse umdrehe, steht auf ihrem Boden in kleinen blauen Buchstaben »Sieger«. Bin ich ein Sieger?

2 Funktioniert doch

Gimme the ring, kissed and told
Gimme something that I missed
(gimme the ring)
(The Sisters of Mercy, *This Corrosion*, 1987)

Die aufgeladenen Ich-Dinge, die mir so wichtig sind, haben mit mir selbst nicht sehr viel zu tun. Sie bilden mich nicht ab, im Gegenteil. Häufig kommen sie von weit her, geografisch wie zeitlich. »Jede Person«, hat der Kulturwissenschaftler Andreas Gehrlach in einem klugen Essay über die Individualräume des Eigentums formuliert, »besitzt einige Dinge, deren alltägliche, aber immens aufgeladene Bedeutung nur ihr selbst verständlich ist.« In ihnen gehe es nicht um den Geldwert, sondern um die Intensität ihrer Wirkung auf die betreffende Person; Wirkungen, die gewöhnlich heimlich bleiben und nur zögerlich preisgegeben werden.[15]

Solche persönlichen Geheimfächer sind kein Privileg der Moderne. Die Legionäre der römischen Armee, schreibt Gehrlach, hatten neben ihrem umfangreichen und schweren offiziellen Marschgepäck das Recht, eine kleine persönliche Umhängetasche mitzuführen, die nur ihnen privat gehörte. Sie hieß *loculus*, wörtlich: der kleine Ort – das Refugium des privaten Eigenen. Er war für das reserviert, was dem einzelnen Menschen gehörte und eben nicht dem Imperium. *Loculus* hieß auch die persönliche Grabnische für die Bilder der eigenen Ahnen. An diesem Ort war die Erinnerung an diejenigen gespeichert, die im Augenblick oder gar nicht mehr körperlich anwesend sein können, deren Existenz aber in die Gegenwart verlängert werden sollte.[16]

Gerade strikt organisierte Formen von kollektivem Zusammenleben brauchen private Rückzugsräume, vermutet Gehrlach, die eben nicht geteilt werden und das Geheimnis der und des Einzelnen bleiben. Das ist nicht nur in modernen symbiotischen Arrangements zwischen Eheleuten oder Mitbewohnern so. Die im 16. Jahrhundert in Tirol gegründete radikale religiöse Gütergemeinschaft der »Hutterer«, die von Österreich und Süddeutschland nach Böhmen und in die Ukraine emigrieren musste und dann weiter nach Kanada und in die USA, kennt bis heute kein Privateigentum. *Gemeinschaft lebenslänglich* heißt eine neuere Studie über diese strikt kollektive Lebensform mit ihren festen Verhaltensvorschriften. Die Hutterer erlauben aber allen Erwachsenen den Besitz der »Kischte«, einer hölzernen Truhe, die niemandem zugänglich ist außer ihnen selbst.[17]

Die kostbaren und hochpersönlichen aufgeladenen Dinge in diesen Schachteln sind materiell gesehen meist fast wertlos. Ihre wichtigste Eigenschaft zeigten sie in dem Moment, wo ihre Eigentümer nach ihnen gefragt würden, so Gehrlach. Denn es werde nur unwillig über sie gesprochen – nicht nur bei den Hutterern, sondern auch bei einem selbst. Sie sind Geheimnisse, die geschützt werden müssen. Ihren Wert erhalten sie dadurch, dass eine Person sie dem eigenen Leben zuordnet und sie »an einem Ort aufbewahrt, wo sie durch wiederholte Berührung und durch ein intimes Gesehen- und Bedachtwerden immer wieder mit einer Art geheimen Wissen aufgeladen werden.« Es gebe Dinge, die zum Menschen gehörten und in denen eine Selbstaufbewahrung jenseits des Körpers stattfände, bilanziert Gerlach. Das Symbolische und das Körperliche seien im Alltag ebensowenig sauber voneinander zu trennen wie die Menschen und ihre besonderen Besitztümer.[18]

Stark wirksame Dinge verweisen immer auf etwas, das über ihre eigene Materialität und ihre unmittelbaren physischen Eigenschaften hinausgeht, auf ihren Gebrauch als Zugang. Ich meine das ganz wörtlich. Im französischen Hochalpental Queyras steht das historische Museum der zwölf Dorfgemeinden. Als Mitglieder des Bunds von Briançon genossen sie vom 14. bis zum Beginn des 18. Jahrhundert ziemlich große politische Autonomie. Die Urkunden über ihre königlichen Privilegien wurden in einer eisenbeschlagenen Truhe aus dem 17. Jahrhundert aufbewahrt, ihrem gemeinsamen

Archiv. Jede der Gemeinden hatte ihren eigenen Schlüssel: Die Truhe mit den Urkunden, den Beweisen aus der Vergangenheit, kann nur geöffnet werden, wenn alle Schlüssel gleichzeitig hineingesteckt werden. Ähnliche Tresore für Treuhänder und Firmen mit mehreren Besitzern wurden am Ende des 18. Jahrhunderts von einer Pariser Firma aus massivem Stahl hergestellt. Bouboulina, die berühmte griechische Schifffahrtsunternehmerin und Politikerin, hatte 1820 auch so einen. Er steht heute in dem ihr gewidmeten Museum auf der Insel Spetses. Ihr Tresor braucht vier solcher Schlüssel, sonst bleibt er verschlossen. Zieht man einen verdeckt angebrachten fünften Schlüssel heraus, verschwinden auch alle Schlüssellöcher – es gibt also einen diskreten Schlüssel zu den Schlüsseln. Sind die Dinge die Schlüssel zu den Geheimnissen ihrer Besitzer?

Das Klebstoffwort

Vermischung zwischen Unbelebtem und Belebtem; Transfer von symbolischen Eigenschaften von Dingen auf Menschen und wieder zurück; Zugang zu Räumen und Informationen, die jenseits der Materialität und der Eigenschaften des Gegenstands selbst liegen: Für alle diese Vorstellungen und die mit ihnen verbundenen Praktiken gibt es einen ehrwürdig alten Begriff. Er wird in der modernen Alltagssprache aber weiterhin intensiv benutzt. Bestimmte Dinge seien in unserer Wahrnehmung alles andere als seelenlos, heißt es in dem Buch über den Umgang mit Alltagsgegenständen von 2018, das ich weiter oben schon zitiert habe. »Die Dinge haben ihre eigene Magie – sie können uns Kräfte verleihen oder unser Leben ändern.« »Diese Andenken an die Vergangenheit bewahren auf magische Weise die Essenz eines Ereignisses auf.«[19] Was bedeutet Magie eigentlich?

»Magie« und »magisch« sind deswegen so beliebte und häufig benutzte Begriffe, weil sie unscharf sind. Wie andere Worte, die auf ähnliche Weise benutzt werden – »heilig« etwa, »mystisch« oder »Autorität« – sind sie eine Art Sekundenkleber, mit dem der jeweilige Autor oder die Autorin Elemente sehr unterschiedlicher Herkunft für seine eigenen Zwecke flott aneinanderleimen kann. Das Attribut »magisch« bringt die extrem diversen Eigenschaften, Entstehungsgeschichten und Erfolgsbedingungen der Praktiken und Gegenstände zum Verschwinden, auf die der Begriff angewandt wird.

Der Historiker Richard Kieckhefer, der sein halbes Leben der Erforschung dieses Feldes gewidmet hat, verzichtet auf eine generelle Definition von Magie. Bei solchen unscharfen Klebstoffwörtern sei das Zeitverschwendung. Lohnenswerter sei es, sich die Subkategorien genauer anzusehen, mit denen das jeweilige Wissensfeld konstituiert werde; sie seien viel brauchbarere Untersuchungsinstrumente. Eine

Theorie der Magie als ganzer sei nutzlos, weil das Wort über Jahrhunderte je nach Kontext entweder zu viel oder zu wenig bedeute.[20]

Deswegen ist hier ein kleiner Ausflug in die Geschichte der magischen Wissenschaften notwendig. Von Magie ist immer dann die Rede, wenn es um die besonderen Eigenschaften der Dinge geht, die ihre Benutzer mit ihren eigenen Lebensgeschichten und Körpern verbinden – und ganz konkret, mit den neugierigen Wissensarbeitern des späten Mittelalters und der Renaissance. Denn Magie als der Gebrauch wirkmächtiger belebter Dinge war nicht das bedrohliche Andere der christlichen mittelalterlichen Gelehrtenkultur, sondern einer ihrer integralen Bestandteile, zusammen mit vielen gelehrten Texten antiker, jüdischer und arabischer Herkunft zu Medizin und Naturphilosophie. Ohne ihre Kenntnis konnte kein christlicher Universitätsprofessor vor seine Studenten treten, mochte er noch so fromm und gottesfürchtig sein; die Werke von Aristoteles, Galen und Ptolemäus gehörten dazu ebenso wie die gesamte mittelalterliche Medizin, Optik und Mathematik.[21] Sterne und Planeten wurden als Naturkräfte angesehen, deren Mächte man durch symbolische Manipulation (die richtigen Kabel und Stecker sozusagen) für eigene Zwecke anzapfen konnte. Sie ließen sich aber auch als eigenständige spirituelle Wesen auffassen, die man anrufen oder beschwören konnte – also eine persönliche Verbindung herstellen, eine Art Direktleitung. Einer langen Liste von Steinen wurden besondere Eigenschaften zugeschrieben, die physischer, medizinischer und astrologischer Natur sein konnten. Ein auf ihnen angebrachtes Zeichen ermöglichte als Passwort, mit Hilfe des betreffenden Gegenstands die Verbindung zu den außerhalb irdischer Sphären anwesenden höheren Mächten herzustellen, sie einzuschalten und ihre Kräfte in den betreffenden Gegenstand herunterzuladen.

Ziel aller dieser Techniken war es, menschengemachten Gegenständen übernatürliche Eigenschaften zu verleihen. Die meisten dieser Gegenstände wurden übrigens als *imagines*, wörtlich: Bilder bezeichnet. In einer Welt, in der die vorher bilderskeptische katholische Kirche in immer stärkerem Ausmaß auf wunderwirkende und farbige zwei- und dreidimensionale Abbildungen von Jesus, Maria und der Heiligen setzte, um Gläubige zu belehren und zu überzeugen, war das keine okkulte Gegenkultur. Die gelehrte Beschäftigung mit Magie war Teil einer breiten und sich immer mehr beschleunigenden medialen Expansion des Wissens ab dem 12. Jahrhundert, zusammen mit den christlichen Universitäten und den Enzyklopädien mit ihrem Hunger nach immer mehr und immer detaillierteren Informationen über die Welt – die der Glaubensfeinde inklusive.

Kirchliche Autoritäten wie Albertus Magnus und Thomas von Cantimpré bemühten sich deshalb in ihren Schriften, alles vorhandene Wissen über Steine, Tiere und Pflanzen zusammenzutragen und zu systematisieren.[22] An den Höfen von Kastilien und Aragon und von Kaiser Friedrich II. in Palermo wurden Übersetzungen naturphilosophischer und magischer Texte aus dem Arabischen in Auftrag gegeben, zum Beispiel des *Ghayat al-hakim*, eines Handbuchs über Amulette und Talismane. Unter dem Titel *Picatrix* ab dem 14. Jahrhundert in ganz Europa verbreitet, lieferte es für solche Beschwörungsformeln zahlreiche Beispiele.[23] In einer Gesellschaft, in der Macht immer persönliche Macht war (man brauchte eine direkte Verbindung zum Höhergestellten, um etwas zu erwirken) waren solche durch machtvolle Gegenstände erwirkten Verknüpfungen keine abstrakte geheimnisvolle Vorstellung, sondern eine einleuchtende Erinnerung an ähnliche soziale Mechanismen im eigenen Alltag.

Richard Kieckhefer hat den mittelalterlichen Umgang mit diesen Texten mit Kochrezepten verglichen. Auch in ihnen kommt es auf kontrollierte Vermischung unterschiedlicher, aber ziemlich genau definierter Substanzen mit bestimmten Eigenschaften und auf ihre Weiterbearbeitung an, aber ebenso auf die technischen Fähigkeiten der Köchin oder des Kochs. Die Vorstellung, dass die Wirkung einer Mahlzeit nur in einer einzigen geheimnisvollen und hochwirksamen Essenz bestehe, sei Wissensarbeitern und ihren Kunden im Mittelalter ebenso absurd erschienen wie Profiköchinnen heute. Nur wenige Leute, fügt er ironisch dazu, »würden eine Einladung zu einem Essen annehmen, das nur aus Muskatnuss besteht«[24] – übrigens eine psychotrope und in hohen Dosen giftige Substanz.

Bei der Überlieferung solcher Rezepte ging es stets um Kontrolle und die Sorge vor etwas, das wir heute vermutlich als Proliferation potentiell bedrohlicher, effizienter Technologie bezeichnen würden. Christliche Autoren übernahmen aus antiker, arabischer und jüdischer Literatur die Bezeichnungen übernatürlicher Geister und ihrer Hierarchien und Kennzeichen, zusammen mit exotischen Ritualen und den Beschreibungen geheimer Eigenschaften natürlicher Gegenstände. Sie sahen sie als nützliche Instrumente für eine ganze Reihe von Zielen an, die von frommer Gottsuche bis zu sehr konkreten irdischen Zwecken reichten. 1320 konsultierte Papst Johannes XXII. persönlich eine Reihe von Theologen und Juristen und befragte sie über die Möglichkeiten ritueller Magie sowie mögliche Schutzmaßnahmen gegen sie. Der Heilige Vater war davon überzeugt, dass der Herzog von Mailand ein Mordkomplott gegen seine allerhöchste Person organisiert habe. Ein *necromante* – ein Totenbeschwörer und Hexer – sei engagiert worden, um ihn, den Papst, durch besonderen Zauber zu töten. Die Techniken, die er einsetzen würde, seien noch unbekannt, man wisse nur seinen Namen: Dante Alighieri.[25] So sah im 14. Jahrhundert der Glaube an die Macht der Magie aus – und an die Macht des Aufschreibens.

Die Mehrzahl der mittelalterlichen Traktate dokumentiert aber vor allem Neugier und das Vergnügen am Experimentieren mit vorher unbekannten neuen Techniken und Ingredienzen. Der Dominikanermönch Witelo verfasste im 13. Jahrhundert im polnischen Liegnitz Abhandlungen, in denen er über Optik und die Gesetze der Perspektive ebenso spekuliert wie über Dämonen, weil beide die übliche Trennung zwischen der sichtbaren und der unsichtbaren Welt durcheinanderbrächten: Was wir wahrnähmen, vermutete er, seien nur Produkte der Säfte in unserem Gehirn. Die schwarze Galle ließe uns schwarze Teufel sehen, das weiße Phlegma weiße Engel – bei den Äthiopiern auf der anderen Seite der Welt sei es genau umgekehrt, deren Teufel seien weiß und deren Engel schwarz.[26]

Ebenso pragmatisch war der mittelalterliche Umgang mit den besonderen Wirkungen, die von eigens dafür hergestellten Dingen ausgehen konnten. In der *Picatrix* wird die Herstellung von Talismanen beschrieben, mit deren Hilfe man Rache an seinen Feinden nehmen oder jemanden dazu bringen konnte, sich in einen zu verlieben. Der Talisman musste aus dem richtigen Material bestehen und je nach Mond- und Planetenkonstellation zum richtigen Zeitpunkt mit der richtigen Aktivierungsformel hergestellt werden: Der Produzent solcher Talismane müsse Selbstvertrauen haben, aber auch eine streng geordnete asketische Lebensweise befolgen. Andere Traktate wie *De imaginibus et horis* lieferten Anweisungen, zu welchen Tageszeiten und an welchen Wochentagen man welche Talismane herzustellen hatte, damit sie die Kräfte der Mondphasen enthielten; *De lapidis veneris* behandelte die Steine, die dem Reich der Venus zugehörten und deswegen bei Liebesproblemen wirksam seien.[27]

Ringe mit solchen magischen Steinen daran waren in der mittelalterlichen Literatur allgegenwärtig. In Petrus Comestors *Historia ecclesiastica* verfügte Moses persönlich über ein solches Schmuckstück, mit dem er unter anderem das Gedächtnis seiner ersten afrikanischen Ehefrau manipulieren konnte. Ein Traktat über solche Zaubermittel wurde im 14. Jahrhundert dem Arzt und Astrologen Petro d'Abano zugeschrieben und kursierte in verschiedenen Abschriften und Versionen an den Höfen Norditaliens.[28] Die am Beginn des 15. Jahrhunderts am Hof der Luxemburger entstandene und reich bebilderte Handschrift *Bellifortis* von Conrad Keyser enthält neben echten und imaginären Kriegsmaschinen auch ausführliche Beschreibungen magischer Objekte zum persönlichen Schutz, nämlich Ringe und Amulette.[29]

Die christlichen Theologen hatten seit den Kirchenvätern der Spätantike in einer Fülle von Ermahnungen und Verboten unablässig vor den teuflischen Gefahren gewarnt, die mit dem Gebrauch unerlaubter magischer Mittel im Alltag einhergingen. In der ersten Hälfte des 13. Jahrhunderts beschrieb William of Auvergne arabische Talismane als analog zu den antiken menschengemachten *eroneas statuas*, die durch diese Manipulationen als belebt und mit Bewusstsein ausgestattet erschienen; anders gesagt, sie seien nur Tricks und Täuschung.[30] Der Chalzedon, versicherte etwas später das Albertus Magnus zugeschriebene Traktat *De aggregationis*, helfe gegen alle »fantastischen Einbildungen« und schütze den Körper vor deren schädlichen Einflüssen.[31]

Am zuverlässigsten hilft Magie nämlich gegen andere Magie: Sie verspricht Schutz vor den magischen Handlungen Dritter. Jedes gelehrte Reden über Magie handelt vom Glauben an den Glauben anderer Leute – von dem, was die Sozialwissenschaften heute den »Third Person-Effekt« nennen. Es war unklar, wie wirksam im Ernstfall solche Wunderwaffen sind; deutlich wird in den ihnen gewidmeten christlichen Traktaten aber, dass sie in der Hand von Glaubensfeinden als ernste Bedrohung angesehen wurden. Die spanischen und südfranzösischen Inquisitoren des 14. und 15. Jahrhunderts waren bei ihren Kampagnen zur Beschlagnahme und Verbrennung magischer Texte bei

Juden und Muslimen derart gründlich, dass heute nur Exemplare solcher Schriften außerhalb Spaniens wie der Codex Barberini in der Vatikanischen Bibliothek und ein Mailänder Manuskript von 1442 (heute in der Pariser Bibliothèque Nationale) erhalten geblieben sind, also in den Händen christlicher Machthaber.[32] Bei manchen dieser Texte wie dem *Tratado de aojamiento o fascinaciòn* des Enrique de Villena (um 1422) handelte es sich um praktische Anleitungen, wie man mit magischen Mitteln versteckte Schätze der aus Spanien vertriebenen oder umgebrachten Muslime finden könne – eine von den Königen von Aragon intensiv propagierte Tätigkeit.[33]

Die Pariser Theologenfakultät hatte 1398 eine ganze detaillierte Liste verbotener magischer Praktiken veröffentlicht. Streng untersagt war es ihr zufolge, Dämonen in Ringe, Gemmen oder Spiegel einzusperren, Weihrauch mit einer Beschwörungsformel zu Zauberzwecken abzubrennen, christliche Gebete, Segensformeln und Messen dafür zu benutzen, einer Person zu schaden oder Bilder aus Wachs, Kupfer, Blei oder Gold zu weihen, die zu magischen Zwecken verwendet würden; alles Riten, die offensichtlich von geweihten und ausgebildeten christlichen Klerikern praktiziert wurden.[34]

Tatsächlich belegbare Gerichtsverfahren und Verurteilungen wegen magischer Praktiken aber blieben bis zum 15. Jahrhundert die seltene Ausnahme. Der Vorwurf solcher verbotener Handlungen war allerdings ein beliebtes politisches Kampfmittel an den mächtigen Fürstenhöfen, wo hochgebildete Spezialisten für Vorhersage, Analyse und Unterhaltung um Einfluss konkurrierten. Sehr vielen erfolgreichen Wissensarbeitern wurde der Gebrauch verbotener Informationsquellen und die Kommunikation mit dämonischen Mächten nachgesagt.[35] Und von der Mitte des 15. Jahrhunderts an wurden Prozesse wegen Magie deutlich häufiger und immer strenger verfolgt. In der heutigen Schweiz, in Österreich und Norditalien entstand ein neues Narrativ über magische Praktiken rund um den Hexensabbat mit direkter Beteiligung des Teufels. Es verbreitete sich rasch unter Theologen und Juristen vor allem im Umfeld der Bettelorden in ganz Europa, mit dem *Malleus Maleficarum* der beiden Dominikaner Heinrich Kramer und Jakob Sprenger als einflussreichem und vielfach nachgedrucktem Referenzwerk.

Gleichzeitig entstand in humanistischen Zirkeln in Italien ein neues Interesse an neoplatonischen antiken Schriften zur besseren Kontrolle vermeintlich universaler magischer Kräfte. Marsilio Ficino verknüpfte 1489 im dritten Kapitel von *De vita* unter dem Titel »Wie man sich Leben von den Himmeln erwirbt« antike und arabische Konzepte für die Herstellung magischer Dinge. Araber und Ägypter schrieben solchen *imagines* besondere Kräfte zu, schreibt er, weil sie glaubten, die Mächte der Sterne seien in ihnen eingeschlossen, entweder als die wunderbaren himmlischen Einflüsse der Sterne und Planeten selbst oder der Dämonen, die in ihren Diensten stünden. Sie nähmen von diesen Statuen und Bilder auf dieselbe Weise Besitz wie von den Menschen, in die sie einführen und aus denen sie dann sprächen, sich bewegten und Wunder wirkten. Ebenso glaubten die Araber und die Ägypter, dass durch gebündelte Strahlen zum richtigen Zeitpunkt Lichter, Räucherwerk und laute Geräusche die Geister der Sterne in passende Gegenstände konzentriert werden und für den Besitzer wunderbare Wirkungen entfalten könnten. Und während Ficino in den Sätzen zuvor offengelassen hatte, welche »sie« (die Araber und Ägypter? Ihre modernen Kommentatoren?) eigentlich woran geglaubt hatten, wechselt er am Ende dieses Abschnitts plötzlich in die erste Person: »Das kann tatsächlich getan werden, glaube ich, und zwar von Dämonen; nicht so sehr, weil sie erfolgreich an einen bestimmten Gegenstand gefesselt worden sind, sondern weil sie Vergnügen daraus ziehen, angebetet zu werden.«[36]

Auch hier geht es um die Lust an der Magie – aber nicht die des Besitzers, sondern die des überirdischen Wesens, das in dem magischen Ding wohnt und sich nach Publikum und Verehrung sehnt. Der Autor dieses Texts ist mit modernen Kriterien schwer zu fassen. Ficino war praktizierender Geistlicher ebenso wie einflussreicher Arzt, Astrologe und Humanist, *consultant* für die Vergangenheit und erfolgreicher Autor. Vor allem war er Höfling, Mitglied des humanistischen Zirkels im direkten Umfeld zuerst von Cosimo, dann von Lorenzo de' Medici, die ihm überhaupt erst die griechischen Manuskripte zugänglich machten, die Ficino dann ins Lateinische übersetzte und aus denen er seine medizinischen Ratschläge zum guten Leben destillierte.

Destillieren kann man dabei durchaus wörtlich nehmen, denn zu Ficinos Kompetenzen in dem exklusiven Wissensgebiet seiner Supersynthese aus christlichen, astrologischen, aristotelischen und neuplatonischen Lehren, die er in *De Vita* propagierte, gehörte auch die Herstellung persönlicher, nach astrologischen Diagnosen und antikem Geheimwissen hergestellter optimierter Medikamente. Ein solches Mittel für empfindliche Patienten mit melancholischer Konstitution, das er als »golden oder magisch« bezeichnete, »teilweise nach den Rezepten der *magi* (also der Weisen aus dem Morgenland, bzw. der orientalischen Zauberer) hergestellt, teilweise meine eigene Erfindung«, sei wirksam gegen laufende Nase, Kopfschmerzen, Vergesslichkeit, Kurzsichtigkeit, Schlaflosigkeit und unangenehmen Geschmack im Mund. Man müsse die Tablette zusammen mit einem besonderen Sirup zwei Mal im Jahr, im Frühling und im Herbst einnehmen: Hergestellt sei sie unter anderem aus Safran, Aloe, Zimt, Weihrauch, Myrrhe, Zitronen, rotem Sandelholz, Korallen und Goldstaub.[37] Das waren ziemlich seltene und vor allem extrem kostspielige Zutaten. Was eine seiner Tabletten gekostet und wem er sie verabreicht hat, schreibt Ficino leider nicht.

Starke Bilder

Oder war das gar nicht so entscheidend? Die Sponsoren der Humanisten glaubten an die unendlich überlegene Macht der antiken Wissenschaften, deren Geheimnisse durch sorgsame Rekonstruktion ihrer Überreste wieder entschlüsselt und ihren Verehrern als Herrschaftswissen zugänglich gemacht werden würden. Ficinos *De Vita*, 1489 erstmals publiziert, wurde bis Mitte des 17. Jahrhunderts mehr als dreißigmal nachgedruckt. Sie stieg zum einflussreichsten Text dieses Genres auf, bis ein anderer Humanistenkollege, Isaac Casaubon, 1614 nachwies, dass die vermeintlich uralten Texte, die Ficino so virtuos auslegte, moderne Fälschungen waren. Die enthusiastischen Erforscher der Renaissance im 19. und im 20. Jahrhundert wiederum glaubten als Historiker und Kunsthistoriker fest an einen befruchtenden »Geist« dieser Epoche und an dessen segensreiche Wirkungen in Bezug auf Kunst, Gesellschaft und persönliche Entwicklung, die erst die modernen Wissenschaften und die westliche Rationalität ermöglicht hätten. Den astrologischen Zauber und die gefälschten antiken Quellen blendeten sie dabei gerne aus.

Die Erzählung von der Renaissance als der angeblichen Geburt der modernen Welt ist selbst eine Art Zaubertrick. Er lässt die Tatsache verschwinden, dass das christliche Europa – Italien inklusive – zwischen der Mitte des 14. und des 16. Jahrhunderts keine Waren herstellte, die in anderen Teilen der Welt begehrt waren und dorthin importiert wurden. Die sogenannte »consumer revolution« des Spätmittelalters, die ich schon ganz zu Beginn erwähnt habe, war von Gütern ausgelöst worden, die von außerhalb nach Mittel- und Westeuropa transportiert wurden, nämlich Gewürze und teure Seidenstoffe aus dem Nahen und Mittleren Osten und Baumwolle aus Indien. Die in Europa produzierten Textilien kopierten die sehr viel raffinierteren Stoffe, die in der arabischen Welt hergestellt wurden.

All die Ringe, von deren magischen Eigenschaften die europäische Literatur jahrhundertelang schwärmte, kamen deshalb aus dem Osten. Dasselbe gilt für die Produktion von technisch aufwendigen Waren wie durchsichtigem Glas – im 15. Jahrhundert ein gut gehütetes Monopol der Venezianer, das sie aus syrischen und ägyptischen Werkstätten übernommen hatten – und Zucker. Auch das Schießpulver und die damit verbundenen Militärtechnologien waren aus Asien nach Europa gekommen; die Artillerie des Osmanischen Reichs war der christlicher Mächte im 15. und 16. Jahrhundert mindestens ebenbürtig, wenn nicht überlegen. Damit wären wir auch wieder bei meiner Teetasse: Während das Porzellan der chinesischen staatlichen Manufakturen seit dem 11. Jahrhundert in der damals bekannten Welt von den Philippinen bis nach Ägypten und Marokko heiß begehrte Luxusware war, hatten die christlichen Kulturen der Renaissance nichts vergleichbares zu bieten.

Wenn das Italien der Renaissance der Urknall einer unvergleichlichen kulturellen Hochblüte war, wie Ausstellungskataloge und Handbücher es ihren Lesern noch im 21. Jahrhundert unverdrossen versichern, wieso waren dann die Nachbarn im Süden und Osten von den Produkten dieser Kultur so unbeeindruckt? Die Geschenke, die Vasco da Gama 1498 bei seiner Landung in Indien dem Raja von Cozhicode überreichte, erregten dort am Hof eher herablassende Belustigung, wie ein anonymer portugiesischer Augenzeuge bemerkte. 1510 schrieb der Florentiner Piero Strozzi, der an der portugiesischen Eroberung von Goa in Südindien teilgenommen hatte, an seine Verwandten: »Wir Florentiner halten uns für die klügsten Männer, denen man begegnen kann; aber die Menschen hier (im arabisch-indischen Handelszentrum Goa) übertreffen uns in allen Dingen. Es gibt hier reiche maurische Kaufleute, die 400 000 oder 500 000 Dukaten wert sind. Und sie können besser im Kopf rechnen als wir mit der Feder. Sie belustigen sich über uns, und es scheint, dass sie uns in zahllosen Dingen überlegen sind – außer mit dem Schwert in der Hand, mit dem sie uns nicht widerstehen können.«[38]

An die Magie der italienischen Renaissance wird trotzdem bis heute gerne geglaubt. Von Enthusiasten verehrte *imagines* von Zeitgenossen Marsilio Ficinos und seiner Förderer Cosimo und Lorenzo de' Medici, nämlich die Werke von Botticelli, Raphael und Leonardo da Vinci, dienen bis heute als Verkörperungen höchster ästhetischer und kultureller Vollkommenheit und als globale Superkunstwerke mit entsprechenden Preisen. *Salvator Mundi* hieß das Leonardo da Vinci zugeschriebene Bild unklarer Provenienz, das im Frühjahr 2017 von einem unbekannten Käufer für 450 Millionen Dollar erworben wurde.[39] Sein derzeitiger Aufenthaltsort ist unbekannt. Es befindet sich aber offenbar im Mittleren Osten, bei den Arabern.

Vielleicht sollten wir doch versuchen, den wolkigen Superbegriff zu definieren, der uns hier beschäftigt. Magie ist die Aufladung eines Gegenstands mit jener Macht, die sein Benutzer dann selbst wieder aus ihm hervorholt. Wie immer die angeblichen Effekte auf unbeteiligte Dritte aussehen mögen, ihre stärkste Wirkung entfaltet Magie auf den- und diejenigen, die sie selbst praktizieren und beschreiben. Sie ist Selbstverzauberung im Dienst mächtiger Sponsoren. Magie bedeutet in der Praxis, den Zugang zu machtvollen Gegenständen zu kontrollieren. Deswegen macht sie auch so ein Brimborium um ihre Geheimnishaftigkeit. Sie ist demonstrative Absperrwissenschaft, die geheime Schätze erzeugt: Tresorologie.

Glücksbringer

Je seltener ein Gegenstand war und je auffälliger er von den besonderen geheimnisvollen Fähigkeiten seiner Hersteller kündete, desto selbstverständlicher wurde er als magischer Glücksbringer und Abwehrzauber verwendet. Der relativ weiche und deswegen gut bearbeitbare schwarz glänzende Schmuckstein Gagat, dem magische Eigenschaften zugeschrieben wurden, kam in Europa nur an wenigen Orten vor, unter anderem im nordenglischen Whitby und in der Nähe von Santiago de Compostella in Nordspanien. Er wurde in Klöstern zu Talismanen und Amuletten verarbeitet und in großem Umfang vermarktet.[40] Noch seltener waren die kostbaren antiken Gemmen aus halbdurchsichtigen Steinen; und noch weit kostspieliger waren Diamanten, Rubine und Saphire vom indischen Subkontinent, von deren wunderbaren Eigenschaften die antike und arabische Literatur über Steine so ausführlich berichtete.[41] Dasselbe galt aber auch für Schlichteres, wenn es denn nur selten genug war, nämlich für prähistorische Steinwerkzeuge, die ebenfalls im christlichen Mittelalter fleißig gesammelt, teuer gehandelt und als Glücksbringer und zur Abwehr gegen Böses verwendet wurden.[42]

Die antike Literatur hatte eine ganze Reihe von Worten für Gegenstände, die positive Wirkungen auf ihre Besitzer und Träger entfalteten. Von *imagines*,

Bildern, ist schon die Rede gewesen. Spätantiken Ursprungs war der Begriff *ligamenta* – wörtlich: Bänder, Verbindungen – für am Körper getragenen Artefakte mit besonderer Wirkung. Die Kirchenväter des frühen und die Juristen des Hochmittelalters warnten auch eindringlich vor dem Gebrauch von *philacteria*, worunter je nach Kontext ein magisches Amulett verstanden werden konnte, das den Träger für andere sexuell unwiderstehlich machen sollte, oder ein mit religiösen Schutzformeln versehenes Stück Text.[43]

Die beiden heute am häufigsten verwendeten Begriffe Amulett und Talisman kommen ebenfalls aus der Antike; beide haben komplexe Wortgeschichten. Das lateinische *amuletum*, abgeleitet vom arabischen *hamalet*, findet sich zwar in der einflussreichen und viel benutzten Naturgeschichte Plinius des Älteren, wurde aber im Mittelalter nicht verwendet – weil der skeptische Plinius an den praktischen Nutzen solcher Zaubermittel selbst nicht glaubte? Erst an der Wende vom 16. zum 17. Jahrhundert taucht das Wort Amulett wieder auf, und zwar in Traktaten über Hexen und Zauberei. Der gelehrte Jesuit Martin Antoine del Rio argumentierte 1599/1601 in seiner sechsbändigen Untersuchung zur Magie, dass der Nutzen von zum Schutz getragenen frommen christlichen Gegenständen nicht durch die auf ihnen verwendeten Zeichen und Texte bewirkt werde, sondern nur von Gott selbst; bei ihren teuflischen Gegenstücken sei das genauso.

Vom 17. Jahrhundert an verwendeten dann fromme christliche Erzählungen das Wort für am Körper getragene Reliquienkapseln, Medaillen und Wachsbilder, die Schutz vor Unglück und plötzlichem Tod versprachen.[44]

Talisman dagegen, abgeleitet vom antiken griechischen Wort *telesma* für einen religiösen Ritus, ist als *tilsam* ins Arabische gewandert und von dort, zusammen mit den Traktaten über ihre Herstellung und Anwendung, weiter ins christliche Europa des Hoch- und Spätmittelalters. Im Gegensatz zu Amuletten enthielten die *tilsam* keine Texte, sondern nur Zeichen und mussten auch nicht unbedingt am Körper getragen werden. Ihre Wirkung wurde nicht als universell, sondern als extrem spezifisch aufgefasst. Talismane versprachen je nach Auftrag die Heilung von einer Krankheit, den Schutz auf einer Reise oder auch unwiderstehliche sexuelle Anziehungskraft. Ihre Wirkung beruhte auf *high tech*, wie wir heute vermutlich sagen würden: Denn ihre Herstellung erforderte hochspezialisiertes Wissen über Astrologie, die besonderen Eigenschaften von Steinen und Bildern und vertrackte und komplexe Rituale – über eben jene Geheimwissenschaften, die für die neugierigen christlichen Europäer unwiderstehlich geworden waren.[45]

3 In der Hosentasche, in den Schachteln

Do you have a word for Giving Away?
(The Sisters of Mercy, *This Corrosion*, 1987)

Das authentische Uralte ist überall. *Garage Sale* hatte auf dem handgemalten Pappschild gestanden, dem ich aus Neugier gefolgt war: Ein Wochenende in Boston im Frühjahr 2000, ich hatte frei und spazierte in den Hinterhof, in dem auf improvisierten Tischen alle möglichen Gegenstände zum Verkauf ausgestellt waren, Kleider und Töpfe, Videos und Bücher.

Mittendrin lag die Kette mit den Perlen aus halbdurchsichtigen polierten Steinen, grau und grün, mit einer silbernen Verschluss und einer Art Quaste daran. Ich nahm sie in die Hand – ein Dutzend Steine, glatt und schwer, und sie fühlten sich gut an, wenn man sie durch die Finger gleiten ließ. Ich weiß nicht, wofür und warum ich das Ding haben wollte, aber ich wollte es. »It's greek, I think« sagte die Verkäuferin, es hätte etwas mit den Verwandten ihres verstorbenen Mannes zu tun, und ihr Haus sei sowieso voll.

Ich mochte das Gewicht der Steine in meiner Hosentasche und dass ich damit herumspielen konnte, wenn ich nervös war. Je länger ich in Boston war, desto verlorener kam ich mir vor, deswegen mochte ich es auch, in meiner Hosentasche ein Stück altmodische alte Welt zum Anfassen mit mir herumzutragen. Die griechische Kollegin aus meinem Department erklärte mir, dass das ein *komboloi* sei. Eine Art Rosenkranz, aber eigentlich, sagte sie lachend, ein Zeitvertreib: »Ein Spielzeug für Männer.« Ich war schon lange aus Amerika zurück, als mir die Perlenkette irgendwann aus der Tasche fiel. Plötzlich war sie weg, unauffindbar, und das mochte ich gar nicht. Ich machte mich auf die Suche nach einer neuen. Ich wollte das Ding wiederhaben, das auf diskrete Art Vergnügen erzeugte, und Beruhigung.

Zählmaschinen

In meiner Hosentasche war ein Stück Geschichte gelandet, weiß ich mittlerweile. Denn zusammen mit den vertrackten gelehrten Texten über Magie kamen auch Dinge aus dem nahen und mittleren Osten nach Europa, die ihren Trägern und Benutzern Verbindung zu überirdischen Mächten, Schutz, psychisches und physisches Wohlergehen und Kontrolle versprachen. Besonders griechisch ist der *komboloi* nicht. Ketten mit Gebetsperlen – 99 Stück, oder 33, oder 100, je nach Variante – tauchen ab dem 9. Jahrhundert in arabischen Quellen auf, in schlichten Ausführungen aus Holz ebenso wie aus kostbaren Materialien: Bernstein, bereits in der Antike für Amulette benutzt, galt dabei als besonders wirksam.[46]

Möglichst zahlreiche Anrufungen Allahs waren bereits im frühen Islam üblich; die Gebetskette – *misbaha* oder *tasbih* – dient dazu, sie zu zählen, denn der vollständigen Aufzählung der 99 schönsten Namen Gottes wurden segensreiche Wirkungen aller Art zugeschrieben. Aus dem 14. Jahrhundert stammt ein persischer Bericht von der Durchreise eines heiligen Mannes, dem Frauen ihre Gebetsketten zuwerfen, damit er sie berühren und dadurch mit seinem glücksbringenden und heilenden *baraka* – dem Segen – aufladen soll. Gegenstände, die sehr viel *baraka* enthielten, wurden ins Wasser getaucht, das danach zu medizinischen Zwecken verwendet wurde. In Moscheen werden bis heute Gebetsketten zum allgemeinen Gebrauch zur Verfügung gestellt. Sie erscheinen auch als kostbare Erbstücke und Geschenke anlässlich einer Pilgerfahrt nach Mekka – und als schutzversprechende Amulette. Gebetsketten, berichtet der französische Reisende Raphaël du Mans aus Persien 1660, würden im Alltag bei schwierigen Entscheidungen befragt. Dafür halte man die Kette an zwei zufälligen Stellen fest und zähle die Perlen dazwischen ab, nach einem Dreierschema: Adam – ja; Eva – ungewiss; der Teufel – nein. Die letzte Perle enthält dann die Antwort auf die Frage.[47] Das

Spiel kennen wir auch noch: Blatt für Blatt »Du liebst mich«, »Du liebst mich nicht«.

Gebetsketten halfen noch bei einer anderen Unterscheidung, der zwischen Rechtgläubigen und anderen. Ibn Battuta berichtet in seinem großen Reisebericht aus dem Jahr 1342 von einer Begegnung mit einem Hindu-Asketen auf einer Insel bei Goa. Der Reisende schenkte ihm seine Gebetskette aus kostbaren Muscheln, die der fromme Mann annahm und damit in Richtung Mekka wies: eine diskrete Andeutung, dass auch er ein wahrer Gläubiger sei, so Ibn Battuta.[48]

Sicher? Ein halbes Jahrhundert früher hatte ein anderer Reisender, nämlich Marco Polo, die Gebetskette des (Hindu-) Königs von Malabar mit 104 Perlen beschrieben, die er als segensreichen Glücksbringer auf sich trage und morgens und abends für seine Gebete benutze. Der Religionswissenschaftler Willibald Kirfel hat 1949 die These aufgestellt, dass der Islam die Praxis von den älteren indischen *malas* übernommen habe. Aus dem Nahen Osten wanderte sie weiter nach Europa: Ab dem 13. Jahrhundert sind sehr ähnliche Ketten, *zapel* genannt, in Klöstern und großen Städten des christlichen Europa belegt.

Theoretisch hätte Marco Polo christliche Gegenstücke zur Kette des Königs von Malabar also an vielen Orten in Europa sehen und kaufen können. Hersteller von Gebetsketten und Paternoster sind ab 1268 in Paris und ab 1277 in London belegt. Als Materialien wurden Horn und Knochen, aber auch kostbare Muscheln, Steine und das uns schon bekannte magische Material Gagat verwendet. Chaucer lässt in seinen *Canterbury Tales* ein Jahrhundert später die modebewusste Priorin eines Klosters auftreten, die eine solche teure Kette aus hellroten Korallen zu ihrer goldenen Brosche trägt. Eine Nürnberger Kleiderordnung des 15. Jahrhunderts verbot das Tragen von Paternostern, die mehr als 20 rheinische Gulden kosteten – immerhin das Jahreseinkommen eines Handwerksgesellen.[49]

Wie ihre islamischen Gegenstücke dienten Paternoster und Rosenkränze als Amulette zum Schutz vor dem Bösen; sie wurden in Kirchen geweiht und vor Marienbildern deponiert, um sie mit besonderem Segen aufzuladen. Sie sollten auch vor plötzlichem Tod ohne Beichte schützen, deswegen wurden sie gerne in der Nacht und auf dem Sterbebett getragen.[50] Ab der Mitte des 15. Jahrhunderts wurden die ersten Rosenkranzbruderschaften gegründet, die eigene Anleitungen zum Beten herausbrachten, die mit Bildern zur frommen Meditation illustriert waren. Sie wurden sehr erfolgreich und rasch in hohen Stückzahlen vervielfältigt. Der Dominikaner Jakob Sprenger ließ 1476 und 1477 die Statuten der deutschen Rosenkranzbruderschaft drucken und pries sie als besonders günstige Möglichkeit für Arme, ohne zusätzliche Kosten Gnaden zu erwerben, da die Mitgliedschaft umsonst sei: So könnten nicht nur die Reichen, sondern auch die Minderbemittelten Gnadenschätze und Ablass erwerben.[51]

Sprenger ist uns schon begegnet. Er war ab 1481 Inquisitor, erst für die Erzbistümer Mainz, Trier und Köln, ab 1484 dann auch in Salzburg und Bremen und fungierte als offizieller Ko-Autor für den fünf Jahre später in Speyer gedruckten *Malleus maleficarum* seines Mitbruders und Untergebenen Heinrich Kramer. Wie der *Hexenhammer*, der in den Jahrzehnten danach immer neue Auflagen und Nachdrucke erlebte, vervielfältigten sich auch die Rosenkranzbruderschaften, zusammen mit einer Fülle gedruckter Traktate über ihre segensreichen Wirkungen.

Denn der Rosenkranz, versicherten diese Schriften ihren Lesern, sei ein unersetzlicher Begleiter in allen Lebenslagen. Er schütze vor Blitz und Donner, Dieben, Räubern und allem teuflischen Schaden. Die Wundergeschichten, mit denen die Rosenkranztraktate des 15. und frühen 16. Jahrhunderts die Wirksamkeit der Gebetsketten und der wiederholten Andacht anpriesen, sind eindringliche Beispiele für mittelalterliches Marketing. Die Holzschnitte auf ihren Titelbildern zeigten, wie beim Jüngsten Gericht eine Gebetskette von der Jungfrau Maria in die Waagschale geworfen und dadurch eine arme nackte Seele gerettet würde; andere werden von Engeln aus dem Fegefeuer in den Himmel gehoben.

Am Beginn dieser Traktate standen kurze Fallgeschichten, die nicht länger als fünf Zeilen waren und in der ersten Person erzählt: *Testimonials* heißen ihre modernen Gegenstücke heute unter Werbefachleuten. Ein Bauer berichtet vom Schutz seiner Ernte vor Sturm durch den Rosenkranz. Eine arme Frau wird reich und teilt ihren Wohlstand mit anderen Gläubigen. Böse Geister werden mit Hilfe der Gebetskette ausgetrieben, ein gefährlicher Verrückter wird wieder normal, Prostituierte und lasterhafte Personen kehren auf den rechten Weg zurück, erbitterte Feinde versöhnen sich und ein zuvor zutiefst Verzweifelter übertrifft alle anderen an Hoffnung und Optimismus.[52]

Dazu lieferten die Traktate ausführliche Fallberichte von spektakulären Lebensgeschichten, die von Aufstieg, tiefem Fall und schließlich der Rettung durch den Rosenkranz berichteten. Die schöne Benedikta besiegt alle Männer im Turnier, wird dann aber Prostituierte und erkrankt an Lepra. Blind, entstellt und von Würmern zerfressen wird sie durch die Gebete des Heiligen Dominik geheilt und heiratet den König von Kastilien, der alle Gläubigen zum Rosenkranzgebet anhält. Ein Kardinal rettet den Papst mit Hilfe von Rosenkranzgebeten, und die Tochter eines Köhlers, schwarz von Kopf bis Fuss, heiratet den zukünftigen französischen König, weil sie unablässig den Rosenkranz betet. Der Rosenkranz schlägt eine ganze Armee von Ketzern ebenso in die Flucht wie Dämonen und heidnische Soldaten. Ein frisch konvertierter Jude, der den Rosenkranz trägt, wird von Teufeln in der Gestalt schwarzer Jäger mit riesigen schwarzen Hunden angegriffen, aber sie können ihm nichts tun: Er schlägt sie mit der hin und her schwingenden Perlenkette in die Flucht.[53]

Magie ist das alles selbstverständlich nicht, wenn wir den Texten glauben dürfen, sondern Reden über wahrhaft wirksame Dinge. Mit ihrer Hilfe werden Körper auf wunderbare Weise geheilt und gerettet, unglückliche Menschen finden die richtigen Sexualpartner, materielle Bedrohungen werden abgewehrt und sozial Erniedrigten gelingt der soziale Aufstieg. Dafür braucht es allerdings Glauben und Disziplin, nicht zuletzt beim Zählen der Gebete – 10 000 Gebete seien einfach wirksamer als 1000, schreibt Jakob Sprenger in seinem Handbuch zum Rosenkranz in Köln 1475.

Hier geht es um die Macht des Zählens in einem ganz wörtlichen Sinn: Denn alle diese Gebetsketten, egal ob sie von Hindus, Muslimen oder Katholiken in Betrieb genommen werden, sind eigentlich am Körper getragene Zählgeräte. Die Rechenmaschine des Mittelalters, der aus der Antike übernommene Abacus, beruhte ebenfalls auf solchen beweglichen Perlen auf Drähten oder Schnüren.[54] Zählen beruhigt. Zählen ist vielleicht die wirksamste Technik von Kontrolle, und sie funktioniert nicht nur in der Welt der materiellen Dinge, sondern auch in der unserer Vorstellungen im eigenen Kopf. Sind deswegen Mathematik und Magie so eng miteinander verknüpft? Zusammen mit den ersten magischen Traktaten und den *misbaha*, *komboloi* und Rosenkränzen kamen zu Beginn des 13. Jahrhunderts auch die Zahlen nach Europa, mit denen wir bis heute rechnen – auch sie sind ein arabischer Import, ursprünglich aus Indien. Wie war das noch einmal mit der westlichen Rationalität?

Absperrwissenschaft

Natürlich ist das alles exotisches Zeug aus einer weit entfernten Welt. Trotzdem klingen die Werbeslogans der Rosenkranztraktate eigenartig vertraut, wenn sie Rettung durch Selbstdisziplin mit Hilfe von Dingen verheißen. Die magischen Rituale, Anleitungen und Gegenstände dieser vergangenen Jahrhunderte verlangten festen Glauben und das strikte Befolgen zeitraubender Prozeduren. Sie waren kostspielig und erforderten beträchtlichen Aufwand, an Geld ebenso wie an Zeit und Konzentration. Dafür versprachen sie ihren Inhabern und Besitzerinnen, die unordentliche und bedrohlich unkontrollierbare Welt, in der sie lebten, zu ordnen und beherrschbarer zu machen. Mit ihrer Hilfe, so versicherten sie, könne man zwischen bösartigen Illusionen und richtigen Wahrnehmungen unterscheiden. Sie verhießen körperliche Unversehrtheit und Zugang zu sozialer Macht. Sie versprachen ihren Benutzerinnen und Benutzern, ob Hindus, Christen oder Muslimen, Nachprüfbarkeit und Sinnhaftigkeit – das dauerhafte Aufbewahren von unsichtbarem und flüchtigem positivem Einfluss, egal ob man dazu Glück, *baraka* oder Gnade sagt, in einem materiellen Gegenstand. Der magische Gegenstand handelt von der Person, die an ihn glaubt: Er ist Selbstversicherung.

Trug ich deswegen die Kette mit den Perlen daran dauernd in meiner Hosentasche, ohne viel über sie nachzudenken? Auf ungenaue Weise beruhigte sie mich; bis ich sie verlor. Das verstörte mich, ich vermisste das vertraute Gewicht und die glatte Oberfläche der Perlen zwischen meinen Fingern. Ich fühlte mich eigenartig unvollständig (ein Mangel woran?) und besorgte mir eine neue. Ihre Perlen sind aus einem anderen polierten Stein, weißbraun statt grün und grau. Ihre Wirkung auf mich ist dieselbe, ich tue mich allerdings schwer damit, sie zu beschreiben. Der diskrete Gegenstand samt seiner positiven psychischen Wirkungen bleibt unbestimmbar, aber ich konnte ihn offensichtlich nicht einfach verloren geben und hinter mir lassen, ebensowenig wie die viele Jahrhunderte alten Erzählungen über derartige Gegenstände, und zwar unabhängig davon, für wie glaubhaft ich beide halte.

Möglicherweise geht das nicht nur mir so. Flughafen Wien-Schwechat, Handgepäckkontrolle, Frühjahr 2022. Obwohl er kein Wort gesagt hatte, wurde der Mann direkt vor mir vom diensthabenden Uniformierten freundlich in einer slawischen Sprache angesprochen, wegen seines Rucksacks, den er direkt aufs Band legen solle. Der Mann antwortete kurz und offensichtlich positiv überrascht in derselben Sprache. Ich hatte kein Wort verstanden, aber wurde neugierig und fragte den Uniformierten, woran er die Nationalität des Passagiers vor mir erkannt habe. »Am Rosenkranz« sagte er. Er deutete auf den Unterarm des Mannes, der gerade hinter der Sperre und dem Apparat für die Durchleuchtung des Handgepäcks damit beschäftigt war, seinen Rucksack wieder einzupacken, und zeigte mir dann sein eigenes Handgelenk. Er trug einen, der zum Verwechseln ähnlich aussah, eine Art Knotenschnur mit schwarzen Perlen. »Brojanica«, sagte er stolz. »Alle Serben tragen so einen.«

Als ich die Sperre passiert hatte, stand mein Vordermann immer noch da. Ich fragte ihn nach dem Wort für den Rosenkranz, den er trage, und zeige ihm meinen *komboloi*, den ich aus der Hosentasche zog, vertrauensbildende Maßnahme unter Abergläubischen. Er verstand mich nicht gleich, und nicht nur, weil er kein Deutsch sprach, sondern weil das englische und das serbische Wort ihm nichts sagten. Er sei Bulgare, sagt er. Dann wurde er neugierig. Wie viel Perlen meiner habe? Alle Männer bei ihnen trügen so einen Rosenkranz, sagte er, aber nur in Bulgarien, nirgendwo sonst. Mit 32, nein – er verbesserte sich – 33 Perlen.

Jetzt war ich endgültig verwirrt. 2008 hatte der rechtsextreme österreichische Politiker Hans-Christian

Strache in einem Interview stolz verkündet, er trage einen solchen schwarzen Rosenkranz, weil er sich mit den Serben so gut verstehe – die seien aufrechte christliche »Outlaws«, ganz wie seine eigene Partei.[55] Aber war 33 nicht die Anzahl der Perlen des muslimischen *tasbih*?

In Bulgarien trage jeder so etwas, sagt mir ein bulgarischer Bekannter. Das Wort dafür sei *броеница*, *broanitsa*, schreibt mir eine Wiener Freundin, die dort aufgewachsen ist, das bedeute einfach Zählerin, Zählhilfe. In ihrem Bekanntenkreis trage niemand eine, und das »niemand« setzt sie in Großbuchstaben. Der ganz persönliche Gegenstand – der Talisman, das Amulett, der Glücksbringer – kann offenbar Erkennungszeichen für alles sein, was gerade passt; er ist wirksam, weil er in verschiedenen Kontexten für ganz unterschiedliche Zugehörigkeiten stehen kann, und zwar gleichzeitig.

Das ist wahrscheinlich auch Magie. Die Sprache, die wir verwenden, ist eine Zeitmaschine, ein Gefrierfach für Worte und ihre Bedeutungen von früher. Wenn wir von etwas sagen, es sei faszinierend, verwenden wir die antike Fachvokabel für Verhexung, *fascinare*, ein Wort mit starken sexuellen Untertönen – *fascinum* ist das männliche Geschlechtsteil. Wenn wir einer Person Charme und ein charmantes Auftreten bescheinigen, zitieren wir das mittelalterliche englische und französische Wort *charm*, abgeleitet vom lateinischen *carmen*, das Gedicht, Lied oder eben Zauberspruch bedeutete.[56]

Zum vertrauten Stereotyp einer christlichen und vermeintlich zutiefst gläubigen (und abergläubischen) vormodernen Gesellschaft passen die Amulette und Glücksbringer ohnehin nicht so richtig. Sie bringen zu viel Unordnung hinein, Faszination durch verlockend mehrdeutiges Zeug aus einer unübersichtlichen exotischen Sphäre irgendwo da draußen, weit jenseits von Boston, Österreich und dem Balkan. Aus ähnlich vagen exotischen Quellen speiste sich auch die magische Literatur des ausgehenden Mittelalters, mit der ich begonnen habe. Ihre Autoren waren technophil, pragmatisch und griffen ohne Zögern auf alle Informationen heidnischer, jüdischer und arabischer Herkunft zu, die sie für ihre eigenen Zwecke und die ihrer christlichen Auftraggeber weiterverwenden konnten. Die machtvollen magischen Dinge, die sie herzustellen versprachen, entfalteten ihre Wirkungen in einer sehr irdischen Welt, in der es vielleicht um Zugang zu den Geheimnissen anderer ging, vor allem aber um den Schutz der eigenen Person und des eigenen materiellen Eigentums.

In den Schachteln

Oder gibt es noch andere Möglichkeiten, mit deren Hilfe man Verschwundenes wieder zurückbringen und die Zeit rückwärts laufen lassen kann?

Die neue Technik, schrieb ihr Erfinder William Henry Fox Talbot 1844, sei ein »magic mirror«, der die flüchtige und unkontrollierbare Welt festhalten könne, »a piece of natural magick«. Die Rhetorik der Magie, die der Erfinder der Fotografie in seinem Buch *The Pencil of Nature* bemühte, ist nicht erstaunlich, wenn man sich an das Versprechen auf Mobilisierung und Kontrolle unsichtbarer Kräfte erinnert, die alle magischen Traktate des Mittelalters bis weit in die Neuzeit beharrlich wiederholt haben. Magie ist eine black box (oder *camera obscura*), in deren Innerem unsichtbare und auf eine für den Benutzer unzugängliche Weise Mechanismen wirken, die seine Wünsche in Erfüllung gehen lassen. Wie die magischen Traktate verspricht die Fotografie, dass mit ihrer Hilfe zwischen Täuschung und Fakt unterschieden werden könne. Wie die detaillierten Anleitungen und Rituale zur Kontrolle überirdischer Kräfte verheißt sie Nachprüfbarkeit und das dauerhafte Aufbewahren von Flüchtigem in einem materiellen Gegenstand. Und wie die Magie handelt sie von *imagines* zur Selbstversicherung.[57]

Bei Henry Fox Talbot findet sich 1844 sogar das Versprechen der alten magischen Traktate, verlorene und gestohlene Gegenstände wieder herbeischaffen zu können. Bei der Aufnahme von dreißig kostbaren chinesischen Porzellangefäßen eines ungenannten Sammlers merkt er an, dass sie damit exakt festgehalten würden – »und sollte einmal ein Dieb diese

Schätze entwenden, dann würde sicher eine neue Art von Beweis entstehen, wenn man das stumme Zeugnis des Bildes gegen ihn vor Gericht vorlegte.«[58]

> Der Fotograf, persönliche Mitteilung per email:
> *Du hast mich mal gefragt, ob ich so etwas wie einen Talisman habe, eine Art Glücksbringer. Das habe ich verneint. Einige Zeit später fiel mir ein, dass die Bilder meiner Freunde durchaus so etwas sind. Ich versammle sie seit 30 Jahren um mich, lebe mit ihnen, sehe sie täglich. Vielleicht sind sie eine Art Beschwörung, Versicherung, irgendwo zugehörig und Teil eines tatsächlichen Lebens zu sein. Jedenfalls bewirken sie – nicht nur sie, auch ihre Herstellung, die Beschäftigung mit ihnen – dass ich mich in der Welt mehr zuhause fühle.*
>
> *Noch etwas fiel mir auf: Die fotografierten Freunde sind mir gerade in letzter Zeit, da ich zwei Jahre lang kaum noch jemanden sah, näher als die »echten« Freunde. Ich meine damit: ich erinnere sie eher so, wie sie auf den mitunter alten Bildern aussehen, als in ihrem gegenwärtigen Äußeren.*

Hier ist er wieder, der magische Gegenstand, den jeder von uns ganz nahe bei sich haben möchte, obwohl man ihn nicht zu etwas gebrauchen kann. Er wird gewöhnlich unsichtbar aufbewahrt. Er befindet sich auf der Grenze zwischen profan und sakral. Er ist zwar käuflich erwerbbar, aber erst wirksam, wenn er sich vollständig außerhalb von Marktbeziehungen befindet. Er wird durch Erlebnisse und Erinnerungen eingeschaltet, nachträglich.

In jedem Haushalt, den ich kenne, hängen Fotos an der Wand – und zwar sehr häufig solche der eigenen Familie, der Eltern, Großeltern oder anderer Verwandter. In jedem Haushalt gibt es aber außerdem Alben oder – häufiger – Schachteln in Schubladen mit alten Fotos, die nicht präsentiert, sondern sorgfältig aufbewahrt werden, als Schatz oder Glücksbringer, Herkunfts- und Selbstversicherung. Die verbreitetste Form jenes privaten Eigenen, den Andreas Gehrlach zu Beginn dieses Kapitels als *loculus* beschrieben hat, sind seit mehr als einem Jahrhundert Fotografien.

Als Kind, hat die russische Schriftstellerin Maria Stepanova in ihrem Buch über Fotografie geschrieben, habe sie mit ihren Freundinnen ›sekretiki‹ angelegt, kleine Geheimnisse: Kostbare kleine Alltagsdinge – »Gold- oder Silberpapier, ausgeschnittene Schauspielerfotos, Glasperlen oder Knöpfe« – wurden in einem kleinen Loch im Boden vergraben, mit einem sauber gewaschenen Stück Glas bedeckt, wieder zugeschüttet und die Oberfläche glattgestrichen, um den Ort unkenntlich zu machen. Alle so sorgfältig versteckten Schätze verschwanden allerdings unwiderruflich, sie wurden von unbekannten Anderen offenbar ausgegraben und geraubt.[59] Dafür habe sie jene alten Dinge und Fotos aus Schubladen, die ihr als Kind gezeigt worden waren. »Das bekommst Du, wenn Du groß bist.« Jetzt seien diese Fotos in ihren Besitz übergegangen. Der Zauber, der von ihnen ausgehe, beruhe auch darauf, dass sie oft nicht wisse, welche Mitglieder ihrer Verwandtschaft wann und wo darauf zu sehen seien. Die unzusammenhängenden Erinnerungsstücke würden selbst eine Art Person, »oder genauer, deren unbeweglicher, finaler Korpus«.

In den eigenen alten Fotos, auch das beschreibt Stepanova sehr genau, werden die Grenzen zwischen Bildern und Menschen unscharf. Auch sie schreibt den Bildern Empfindungsfähigkeit zu. Alte Fotos leiden »an euphorischer Amnesie: Sie haben vergessen, was sie bedeuten, woher sie kommen, aber sie fühlen sich bestens dabei.« Seit der Erfindung der Fotografie koexistierten Gestern und Heute auf nie gekannte Weise. »Ob wir wollen oder nicht, vor uns liegt eine seltsam verlängerte Existenz, in der die eigene physische Erscheinung bis zum Ende der Zeiten erhalten bleibt – es verschwindet nur das, was wir selbst waren.« Im Erinnern mit Hilfe von Fotografien fallen »erlösen« und »bewahren« in eins – ein religiöses Vokabular, wie sie selbstironisch bemerkt, dem man in diesem Bereich einfach nicht entkäme; es funktioniert, weil es so mehrdeutig ist.[60]

Magie ist die Mischung unbeherrschbarer Zustände. Das eine wiedergefundene anrührende und intensiv geglückte Foto von früher erzeugt den Wunsch nach noch mehr, nach anderen, aber genauso wirkungsvollen Fotografien. Stapel alter Fotos erzeugen einen Sog, der umso stärker ist, je weniger sie geordnet sind und dadurch verlockendes Rätsel und mögliche Überraschung werden. Die Überreste erzeugen das Bedürfnis nach mehr Details und mehr Erklärungen, ohne es zufriedenstellen zu können. Willkommen in der Fotofalle: Die auf und in Fotos vermeintlich stillgestellte Zeit ist deswegen so verlockend und bezaubernd, weil sie ein unmöglicher Ort ist, der sich selber dauernd abschafft.

Zeigen denn Fotos tatsächlich die Vergangenheit? In einem ihm gewidmeten Dokumentarfilm von 2003 ist der Fotograf Henri Cartier-Bresson 94 Jahre alt: Ein vergnügter und irgendwie bubenhafter alter Herr mit schlohweißem Haar und Hörgerät. »Ich habe immer in der Gegenwart gelebt«, sagt er dem Interviewer. »Streichen wir die Vergangenheit.« Dann lächelt er. »Aber sie kommt zurück, wie ein Aufstoßen.«[61] Das französische Wort heißt eher Rülpsen, etwas unfreiwilliges, körperliches.

Ich habe vor fünf Jahren den Nachlass meiner Familie geordnet. Die von meinem Vater aufbewahrten Familienunterlagen – mehrere große Kartons mit vielen Schachteln darin, die Fotos und Briefe enthielten – waren für mehrere Jahre verschollen und tauchten dann wieder auf. Meine Eltern stammen aus Oberösterreich, und deswegen erzählen diese Hinterlassenschaften von den Wechselfällen des 20. Jahrhunderts in der österreichischen Provinz. Die Schachteln enthalten zum Beispiel die Austrittserklärung meines Großvaters väterlicherseits aus der Linzer Ortsgruppe der NSDAP von 1931. Sie enthält aber kein einziges Dokument, das die Parteimitgliedschaft meines anderen Großvaters mütterlicherseits erwähnt. Dabei muss es sehr viele solcher Papiere gegeben habe, denn er war NSDAP-Ortsgruppenleiter in der Kleinstadt an der tschechischen Grenze, alle verschwunden, außer einigen Fotos von ihm. Kein einziges davon zeigt ihn in Uniform oder mit irgendeinem Abzeichen oder einer Fahne mit Hakenkreuz, aus nachvollziehbaren Gründen: Nach dem Krieg saß er mehrere Monate in einem amerikanischen Internierungslager in Bayern, und in seinem Haus waren Offiziere der Roten Armee einquartiert. Kein einziges Foto gibt es auch von dem Großonkel, der Kriegsberichterstatter für den *Völkischen Beobachter* war und das *Schwarze Korps*, die Zeitschrift der SS. Einige Jahre nach Kriegsende wurde er Chefredakteur einer Aachener Tageszeitung. Wie er aussah, weiß ich nicht.

Aus den Schachteln tauchen aber auf: ein Foto meiner Mutter auf den Knien ihres Großvaters mit dem großen grauen Bart, der wie eine Mischung aus Bismarck und Freud aussieht. Eine Bescheinigung über die bestandene Prüfung meines Vaters im Kleinkaliberschießen der Hitlerjugend von 1940, sein Urlaubsschein, ausgestellt von der deutschen Wehrmacht wegen Verletzung

1943, mit Entlausungsstempel aus Krakau und Stapel von Passfotos in allen Größen und unterschiedlichen Entstehungsdaten, von 1942 an. Es sind aufwändig und sorgfältig produzierte *glamour shots* von ihm und anderen zwanzigjährigen Leutnants aus der Provinz. Man könnte sie als Zugehörigkeitsausweis und Gratifikation beschreiben, ein suggestives Sonderangebot in Sachen magischer Verwandlung: »Wir lassen Dich so schön und glänzend aussehen, wie Du vorher nie sein durftest.«

Mein Vater hat sie alle aufgehoben, ebenso wie das medizinische Gutachten von 1947 wegen der kaputten Bandscheibe in seiner Halswirbelsäule (Halsdurchschuss 1944) und die vielen Schwarzweißaufnahmen mit gezacktem Rand aus den 1940er Jahren mit hübschen jungen Frauen darauf, zuerst mit Zöpfen, dann in eleganten Damenfrisuren, am Strand, beim Fahrradausflug am See. Ein farbiges Kleinbildselfie, in dem Rückspiegel seines Motorrads geknipst, 1953: Er fuhr eine Horex, auf die war er sehr stolz. Manschettenknöpfe. Taschenmesser. Das Haltbarkeits- und Abschließbarversprechen, das mit der metallbeschlagenen Offizierskiste der Deutschen Wehrmacht verbunden war – robust und sehr schwer, Ordnung und Last gleichzeitig – wollte er in seinem späteren Leben offensichtlich nicht mehr aufgeben, obwohl das daran hängende Unternehmen doch sehr gründlich schiefgegangen war. Denn alle diese Fotos und Dinge wurden in ihr aufbewahrt: Das Allerpersönlichste im *loculus*, in einer verschlossenen Kiste.

Die Fotografin:
Schön ist für mich etwas, das etwas in mir zum Klingen bringt. Und das einen gewissen Schalk hat, Witz, eine Verspieltheit. Das Schöne wird schön, wenn ich mich ihm zuwende und mich ihm öffne, und das zulasse. Das Schöne ist das, was mir Konzentration ermöglicht. Es wie ein Biotop: Die Dinge erinnern mich daran, wer ich bin.

Die schönen Dinge stützen mich. Manchmal stehe ich am Morgen auf und bin verwirrt, unklar, und wenn ich die schönen Dinge sehe, weiß ich wieder, wer ich bin und was mir wichtig ist und was ich liebe. Es ist eine Markierung, wie bei einem Hund.

Kontrollfrage: Welche Art von Kostbarkeit habe ich vorgelebt bekommen? Sehe ich mich verpflichtet, sie fortzusetzen? Nächster vergilbter Umschlag in der Kiste: Die Fotos von der Hochzeitsreise meiner Eltern nach Griechenland. In einer kleinen teuren Kartonschachtel – auf der Innenseite des Deckels die griechische Aufschrift eines Juweliers in Athen – befanden sich, sorgfältig auf rosa Watte gepackt, aber keine Schmuckstücke, sondern drei gleichmäßige weiße Kieselsteine.

Ich zeigte sie meiner Mutter: Hatte sie eine Erinnerung daran? Sie schüttelte den Kopf. Aber genau solche

Dinge habe ich auch in meinen Schubladen, jede Menge. Und nach dem Aufräumen der Schachteln sah mich drei Tage lang jeden Morgen das Gesicht meines toten Vaters aus dem Badezimmerspiegel an. Alte Fotografien, habe ich dabei gelernt, dokumentieren vor allem Dinge, die man nicht sehen kann. Was auch immer man selbst früher gewesen ist – Held, Verführer, Motorradfahrer – wird einem irgendwann unzugänglich. Dann wandert der Rest davon in die Schachtel. »Zaubern«, hat mir meine Tochter erklärt, als sie vier Jahre alt war, »Zaubern ist, wenn man nicht weiß, wie es geht.«

4 Starke Wirkungen

The only beautiful things, as somebody once said,
are the things that do not concern us.
(Oscar Wilde, *The Decay of Lying*, 1889)

Was ist eigentlich gemeint, wenn von Schönheit die Rede ist?

DIE FOTOGRAFIN:
Das schöne Ding erinnert mich nicht an konkrete Ereignisse, aber an Spezifika des eigenen Empfindens, daran, wie sich etwas angefühlt hat. Ich kann es eben nicht verallgemeinern, es ist bei jedem einzelnen Gegenstand anders: Es ist die Bewegung in mir, die das Schöne auslöst, eine response. Es ist ein Repräsentant von etwas anderem, Unbenennbaren, was in einem ist. Man merkt, dass es da ist, bevor man sagen kann, was oder wie es ist.

Wenn ich das Schöne habe, habe ich dieses Glücksgefühl, man wird mehr, als man ist, der eigene Innenraum wird größer, man wird bereichert. Man empfindet es als Wohltat für die eigene Psyche. Man könnte dazu (etwas verlegen, stockt) *Erhabenheit sagen: Man kommt in Berührung mit einer Sphäre, die im Alltag nicht existiert, etwas* (zögert wieder) *Edles, wenn man das Wort brauchen kann. Das ist eine der stärksten Sachen, die mir je passiert sind. Zuerst kommt die Regung, und dann erst die Frage, was da geschieht und warum.*

Wie »magisch« und »Magie« bringen auch »schön« und »Schönheit« die Grenzen zwischen Menschen und Dingen, Belebtem und Unbebelebtem und bereits vorhandenen Eigenschaften und Ergebnissen von Handlungen zum Verschwimmen. Erstaunlich viele der Definitionen von Schönheit arbeiten mit Negationen. Der stoische Kaiser Marc Aurel: »Alles, was schön ist, ist aus sich selbst heraus schön und genügt sich selbst. Was sollte es sonst noch brauchen?«[62] Ganz ähnlich klingt das 1800 Jahre später bei dem russisch-amerikanischen Dichter Joseph Brodsky. »Geschichte ist keine Disziplin, sondern etwas, was nicht deins ist – die beste Definition von Schönheit.«[63] Wir nennen etwas dann schön, hat der Philosoph Alain de Botton geschrieben (und dabei einen anderen Philosophen zitiert, Alexander Nehamas), »wenn wir entdecken, dass es etwas in konzentrierter Form enthält, das der eigenen Gesellschaft als ganzer fehlt.«[64]

Zweihundert Jahre früher hat der Schriftsteller Marie-Henri Beyle alias Stendhal dieselbe Frage ganz anders beantwortet. »Aber was ist Schönheit? Eine neue Möglichkeit, dir Lust zu schaffen. Die Lust der Individuen ist verschieden und oft gegensätzlich: daraus erklärt sich, wie das, was für den einen Schönheit ist, für den anderen Häßlichkeit sein kann.« »*Meine* Schönheit«, fügt er hinzu, »ist die Verheißung eines Wesens, das meiner Seele wohltut, und steht über dem Reiz der Sinne. Dieser Reiz ist nur eine besondere Abart.« Damit meint er offensichtlich die Wirkung einer Person auf ihn; der ganze Text handelt von der Liebe. Derselbe Autor hat allerdings die Wirkung der Schönheit von Florenz auf ihn selbst so wirkungsvoll beschrieben, dass er damit einem medizinischen Syndrom den Namen gegeben hat. »Als ich Santa Croce verließ, hatte ich starkes Herzklopfen.« Er befürchtete, umzukippen; fühlte sich extrem erschöpft, genoss aber gleichzeitig die »angenehmen Sensationen«. »In Berlin nennt man das einen Nervenunfall.«[65]

Das Schöne ist begehrenswert und sehr verlockend, aber es fühlt sich wie ein Nervenunfall an. Seine Wahrnehmung kommt mit stark gesteigerter Empfindlichkeit daher. Müsste das Schöne diejenigen, denen es zustößt, nicht stärker machen, optimistischer, unüberwindlicher?

Mach mich gut

1999 hat die Literaturwissenschaftlerin Elaine Scarry diesen starken Wirkungen des Schönen in Harvard ihre »Tanner Lectures« gewidmet. Sie schlägt dabei einen eigenen, sehr grundsätzlichen Ton an. »Das Schöne erzeugt seine eigenen Kopien«, beginnt sie: »Schönheit macht, dass wir sie zeichnen, fotografieren oder anderen beschreiben wollen.«[66] Vom Besitzen spricht sie nicht. Schönheit finde immer im Einzelnen, Besonderen statt; wenn es kein solches Besonderes gebe, sinke die Chance, sie zu sehen. »Das schöne Ding scheint – ist – unvergleichlich, noch nie dagewesen«; und dieses Dasein ohne Präzedenzfall bringe eine Wahrnehmung von »Neuheit« oder »Neugeborensein« mit sich, wie Nausikaas Erscheinen vor dem frisch angespülten Odysseus. Homer sei nicht der einzige, der Schönheit als lebensrettend beschreibe. Für Augustinus sei sie »eine Planke inmitten der Wellen auf hoher See«, schreibt sie, ebenso für Proust. »Schönheit beschleunigt. Sie erzeugt Adrenalin. Sie lässt das Herz schneller schlagen. Sie macht das Leben lebhafter, belebter und lebenswerter.«[67]

Gleichzeitig sei das Erleben dieser Schönheit unentrinnbar begleitet vom eigenen Irrtum. »Früher oder später stößt uns die Schönheit auf unsere eigene Fähigkeit, uns zu irren. Das Schöne, fast ohne dass wir uns dafür anstrengen müssten, macht uns mit dem psychischen Erleben der Gewissheit bekannt, und dieser Zustand ist so lustvoll, dass wir von nun an bereit sind, uns zu plagen, zu mühen und mit der Welt zu kämpfen, um dauerhafte Quellen dieser Gewissheit zu finden – um das zu finden, was wahr ist.«[68]

Schönheit ist also Arbeit, halbfreiwillige. Aber wer ist das »wir« in diesem Satz? Ihr Wort »conviction«, das ich hier etwas umständlich mit Gewissheit übersetzt habe (Überzeugtsein wäre vielleicht besser), ist wieder eines von diesen Wörtern mit mehreren Bedeutungen. Es heißt auch: Verurteilung.

Aber erst einmal spricht Elaine Scarry die Schönheit frei. »Schönheit ist – und das ist das Mindeste – unschuldig an den Vorwürfen, die ihr gemacht werden.« Im Gegenteil, sie könne bei der Reparatur existierender Ungerechtigkeit helfen. Denn sie beschütze: Jedes schöne Ding mache mit seinem Nahezu-Lebendigsein einen ruppigen Umgang mit ihm undenkbar. »Und jetzt beginnen wir zu begreifen, dass der Moment der Wahrnehmung des Schönen den Dingen die Gabe des Lebens verleiht. Die friedensstiftende Qualität der Schönheit stammt wenigstens in Teilen von diesem gegenseitigen, lebensspendenden Vertrag.« Und dann kommt noch einmal ein juristischer Fachausdruck. »Schönheit präpariert uns für Gerechtigkeit.«[69]

»Justice«, im Original – das kann auch das Recht als ganzes sein. Ich weiß nicht genau, wer mit dem »uns« in diesem Satz gemeint ist, außer dem Publikum der Tanner Lectures und der Autorin selbst. Aber ich nehme an, dass »wir« die Betrachter des Schönen sind, die dadurch für Gerechtigkeit vorbereitet werden: Ohne dass wir selber schön werden wollen, nur durch die Betrachtung schöner Personen und Dinge. »Schönheit ist also ›a compact‹ oder ein Kontrakt zwischen dem schönen Wesen (eine Person und ein Ding) und ihrem Betrachter«, setzt sie fort.[70]

»Compact«? Mein dickes englisch-deutsches Wörterbuch (der »Kleine Muret-Sanders«, reichlich 1200 Seiten, ich mag altmodische Wörterbücher) gibt für dieses Substantiv als Bedeutungen an: »a. kompakte Masse, b. Pressling (z. B. aus Metallstaub), c. Puderdose.«

Viel schlauer macht mich das nicht. Zurück zum Text. So wie das schöne Ding dem Betrachter das Geschenk des Lebens mache, fährt Scarry fort, so mache der Betrachter es lebendig. »Jedes heißt das andere willkommen.« Die Begrifflichkeit von Magie, Faszination oder Verzauberung vermeidet die Autorin sorgfältig. Das Schöne mache die Grenze zwischen dem Belebtem und dem Unbelebtem durchlässig. »In dem Moment, in dem wir etwas Schönes sehen, werden wir radikal dezentriert.« Das Schöne (und eben nicht mehr man selbst) werde zum Mittelpunkt. Im Fazit des Buches ist Elaine Scarry davon überzeugt, dass die Wahrnehmung des Schönen den oder die Betrachter »unselfinterested« mache, uneigennütziger.[71]

Macht sich gut

Manche Texte lesen sich bei der wiederholten Lektüre ganz anders als beim ersten Mal und überraschend neu.

Aber Elaine Scarrys Buch finde ich heute genauso erklärungsbedürftig wie vor 21 Jahren, als ich es zum ersten Mal in der Hand hatte. Irgendwas stimmt nicht mit der Art, wie sie ihre Argumente auftreten lässt. Sie sagt nicht, wer ihre Gegner sind, deren Argumente gegen Schönheit so verfehlt und falsch seien. Sie lässt Plato, Augustinus, Schiller und Leonardo da Vinci (verkörpert durch Walter Pater) auftreten, die für das ganz große Ganze sprechen. Es gibt ziemlich viel Antike und ziemlich viel Renaissance (Italien, Anfang 16. Jahrhundert) in diesem Buch. Der Nicht-Westen kommt nicht vor, könnte man sagen, sondern ausschließlich vertraute ästhetische Markenartikel.

Ich bin der Autorin bei meinem Aufenthalt in Boston im Frühjahr 2000 begegnet. Ich wurde von Freunden zu einem gemeinsamen Mittagessen mitgebracht; wir holten sie in ihrem Haus ab, in dem sie mit ihrem älteren Partner lebte, auch er Professor in Harvard. Sie sei so schön, sagten die Freunde vorher, und ich war neugierig. Sie war groß, mit sehr roten Lippen, großen weißen Zähnen und langen blonden Haaren, trug einen schwarzen Rollkragenpullover und war der selbstverständliche Mittelpunkt der kleinen Gesellschaft: Es war ein bisschen so, als wäre man bei Brigitte Bardot zu Besuch. Ihr kleines Haus kommt in ihrem Buch ausführlich vor, mit Beschreibungen der Zeichnungen von Matisse, mit denen sie ihre Wände im Winter dekoriere. Ich traf sie mehrmals zum Lunch in den Wochen darauf – ich unterrichtete damals für ein halbes Jahr in Boston. Sie wollte wissen, wie es mir ging. Ich sei deprimiert, sagte ich ihr irgendwann im Lauf dieses langen kalten Frühjahrs, weil niemand irgendeine andere Sprache spräche oder lese als Englisch. »Aber das ist auch SO schwierig für uns«, antwortete sie, auf Englisch. »Es ist SO SO SO SO viel einfacher für Euch.«

Ich begann zu ahnen, dass das Reden über Schönheit und das Mitteilen der eigenen besonderen und aufs Außerordentlichste gesteigerten Empfindsamkeit eng verbunden waren; jedenfalls dann, wenn man eine Professorin für allgemeine Wertetheorie an einer amerikanischen Privatuniversität war, das war die offizielle Bezeichnung ihres Lehrstuhls. Heute kann ich nachlesen, gegen welche scharfen polemischen Verurteilungen des Schönen sich Scarry in ihrem Text zur Wehr setzte, denn das Reden von der Schönheit war in den akademischen und ästhetischen Debatten der 1970er, 1980er und 1990er Jahre ein Kampfplatz – spätestens seit Andy Warhols spöttischem Diktum, er sei überhaupt nie einer Person begegnet, die *keine* Schönheit gewesen wäre.[72] War nicht jede emphatische Feier der Schönheit eine Art Verrat an den Ideen der ästhetischen Moderne, inklusive Marinettis Macho-Schlachtruf aus dem *Futuristischen Manifest*, dass es keine Schönheit mehr gäbe, außer im Kampf? Schönheit, hatte der Kunstkritiker und Philosoph Arthur C.

Danto in *Beauty and Morality* 1994 bilanziert, sei vermutlich auf lange Zeit ins Exil verdammt.[73]

Die Liste der Dinge, die der Künstler Leo Fitzmaurice unter dem Titel *Beauty (A set of possibilities)* 2007 zusammengestellt hat, liest sich wie eine grimmige Antithese zu Elaine Scarrys exaltierter Feier fragiler und unendlich kostbarer Gemälde, Gesichter und Blumen. »So gut wie jeder Plastikflaschenverschluss. [...] Eine gefaltete Fotografie. Gebrauchte Sportkleidung. [...] Handgemalte Warnschilder. Ein zur Wand gerichteter Fernsehapparat.«[74] Schönheit, hat eine andere Professorin für Literaturwissenschaft, Wendy Steiner, formuliert, sei längst keine göttliche Tugend mehr, sondern unerreichbares Ideal, vorgegaukelt von unersättlichen kommerziellen und sexuellen Machtverhältnissen. Auch eine vermeintlich kritische Stimme wie Naomi Wolf berichte in ihrem Bestseller *Beauty Myth* zwar ausführlich von ihren Anfällen von Magersucht und Selbsthass, setzte aber ihr attraktives Foto aufs Cover. »Am Schluss sieht ihre Selbstdarstellung als Opfer von Männern und Medien ziemlich nach Selbstvermarktung aus.«[75]

Im Kern der allgegenwärtigen Feier von Schönheit, hat der britische Künstler Simon Fujiwara in einem Interview 2019 vermutet, stecke das pornografische Begehren, alles über jemanden, auch das Intimste, zu betrachten, ohne selbst etwas von sich preisgeben zu müssen. Jeder habe die auf maximale ästhetische

Wirkung optimierten Bilder des Schönen – ihre Doppelgänger, Klone und Kopien – schon so unendlich oft gesehen, dass ihre Künstlichkeit vertraut und selbstverständlich geworden sei. Eine durch das Internet sozialisierte Generation finde eine visuelle Umgebung vor, die er »finished world« nennt. Alle Gesichter, Körper und Erscheinungen seien bereits da, perfektioniert und online gestellt von anderen und würden einem als fertig präsentiert. »Wir verlangen von diesen Bildern, dass sie uns täuschen.«[76]

Hier spricht aber jemand, der selbst davon lebt, Bilder herzustellen – bewegte Bilder auf Video, in seinem Fall – und auf einem extrem kompetitiven globalen Markt an Sammler und Museen zu verkaufen. Das macht Fujiwaras Aussagen nicht weniger zutreffend, aber verleiht ihnen ihr spezifisches Gewicht. Wie bei Elaine Scarry gibt die Position, von der aus gesprochen wird – die Autorität einer Lehrstuhlinhaberin, die Autorität eines erfolgreichen und vielfach preisgekrönten Künstlers – den jeweiligen Definitionen von Schönheit erst den Rahmen, in dem sie ihre Wirksamkeit entfalten.

Schönheit ist deswegen ironischerweise gleichzeitig Privatsache – ich finde diesen Gegenstand, dieses Bild, diese Person schön – und eine so hart wie möglich umkämpfte öffentliche und moralisch aufgeladene Angelegenheit; um so mehr, wenn sie mit Aussagen in der machtvollen ersten Person Plural und Ausblicke auf zukünftige Ordnung verbunden wird. Wer vom Schönen als Privatsache spricht, darf vom eigenen Vergnügen daran reden. Wer das Schöne dagegen als »unseres« in der ersten Person Plural definiert, der predigt, ermahnt und verurteilt.

Die unerbittlichen Verurteilungen der mittelalterlichen Theologen der *concupiscentia oculorum*, die Augenlust, und die scharfen Attacken der Reformatoren gegen die verlockenden und verführerischen Götzenbilder, die ihre Betrachter von der Wahrheit ablenken und täuschen, sind in den zeitgenössischen akademischen Debatten um das Schöne problemlos wiederzufinden. Der Kunstkritiker Dave Hickey hat 1993 in seinem Buch *The Invisible Dragon: Four Essays on Beauty* Caravaggios *Madonna mit dem Rosenkranz* mit den strengen kunsttheoretischen Debatten über das Schöne zusammenstoßen lassen. Caravaggio, meint er, zeige uns wenigstens die Muttergottes mit sinnlichem Mund und makellosen geschwungenen Augenbrauen in all ihrer glorreichen Unnahbarkeit; bevor er uns dann ermahne, unsere sündhaften Augen gefälligst auf den hölzernen Rosenkranz zu richten, den der Priester im Zentrum des Gemäldes in seinen Fingern hält. (Da ist es wieder, das Zauberding.) »Die Priester der neuen Kirche«, setzt Hickey fort, »sind nicht so großzügig. In ihrem Reich ist Schönheit immer anderswo, und wir bleiben zurück, zählen demütig die Perlen und murmeln die Gebete der akademischen Rechtgläubigkeit.«[77]

Zu sehen ist dieses Gemälde heute im Kunsthistorischen Museum in Wien. Zuvor war es in Antwerpen, wo ein Kunstkomitee unter dem Vorsitz von Peter Paul Rubens es 1623 für den Hauptaltar der Dominikanerkirche erworben hatte, für ziemlich viel Geld. Als 1786 der Habsburgerkaiser Joseph II. die Schließung aller »nutzlosen« Klöster in den österreichischen Niederlanden anordnete, konfiszierte er bei dieser Gelegenheit auch gleich Caravaggios Rosenkranzmadonna für seine Kunstsammlung.[78] So kommt das Schöne ins Museum: mit ein bisschen Gewalt.

Vor Schönheit platzen

Wenn das Schöne das Außergewöhnliche ist, das mich (ich bleibe lieber in der Einzahl) anzieht, bezaubert und in höhere Sphären hebt, aus dem eigenen Alltag heraus, was für eine Rolle spielt es dann in ihm?

Schönheit ist Plötzlichkeit: Sie betäubt. Man kann nicht reagieren, sondern ist erst einmal erstaunt, weil man mit dem Effekt nicht gerechnet hat. Elaine Scarry hat schon recht, wenn sie sagt, dass Schönheit etwas ist, was Konzentration ermögliche – oder erzwinge, ganz freiwillig ist das nicht. Das ist der alte Begriff der Faszination, der uns schon begegnet ist, oder des Charmes, vom lateinischen *carmen*, dem Zauberspruch. Manche Personen besitzen ihn: Ich habe im Sommer

1997 in Berlin einen Vortrag von Judith Butler gehört, an dessen Inhalt ich mich nur noch sehr vage erinnern kann, es ging um Antigone. Ich weiß aber noch, dass der große Vortragssaal gestopft voll war und dass die Philosophin aus Kalifornien eine ansteckende Intensität erzeugte, die ihre Zuhörer (weit überwiegend: Zuhörerinnen) veränderte. Vorher hatten sie unterschiedlich gut ausgesehen. Aber weil sie so konzentriert zuhörten, wurden sie alle strahlend schön. »There is«, sagte Frau Butler, »no recognition without desire.«

Der Kunsthistoriker:
Das Schöne steckt im Lebendigen – NUR im Lebendigen. Schön ist das, was lebt.
Und im eigenen Alltag?
Unausgesetzt Schönheit, wenn es lebt, wenn es sich ereignet, wenn es eine Zeitlichkeit hat. Das kann ein Klang sein; oder Wolken. Ich sterbe vor Glück, wenn ich im Frühjahr an einem grauen wolkigen Tag frisches Grün davor sehe. Es ist flüchtig, und genau in der Flüchtigkeit liegt die Schönheit.

Etwas ist dann schön, wenn es im Kopf der Betrachterin, der Zuhörerin oder der Leser Versuche auslöst, dieses Schöne in Kategorien zu fassen. Je länger es dauert, bis das schöne Objekt, der schöne Moment, die Textstelle oder die Person befriedigend kategorisiert werden kann, desto schöner ist sie. Vermutlich ist das Schöne also etwas viel Beunruhigenderes als der Mangel, den es in sich trägt: Es ist das Mehr, mit dem ich nicht gerechnet habe. Das Schöne ist immer ein bisschen schamlos. Es ist ein Wegrutschen. Schönheit ist außerdem ziemlich promisk. Sie enthält eine diskrete Kränkung: »Nicht nur für Dich.« Die schönen Dinge sind schön, weil sie sich dem entziehen, der sie anschaut. »Ich könnte auch sofort wieder weg sein«, sagt das Schöne zu mir, während es mich sanft anfixt und verzaubert, »und Du kannst nichts dagegen tun. Halt mich fest, weil Du mich nicht festhalten kannst.«

Deswegen will ich es ja haben.

DIE FOTOGRAFIN:

Kann das Schöne akkumuliert werden?

Es gibt dieses Zitat von Mao: »Drei Orangen sind nicht besser als eine.« Das eine schöne Bild, das ich so sehr mag, würde nicht stärker, wenn ich drei davon hätte.

Und wie erlebt sie Leute, die zu Sammlern werden?

(Sehr bestimmt) *ICH bin eine Sammlerin. Angefangen hat das an einem Strand auf Korsika vor langer Zeit, dort gab es keinen Sand, sondern schöne Kiesel, drei ganz unterschiedliche Arten, und wir haben damals* (sie lacht) *fünf Kilo Steine mit nach Hause genommen, die habe ich immer noch. Beim Finden ist es wie beim Pilzesuchen im Wald, es ist ein Fieber. Beim Anschauen aus der Nähe und beim Behalten ist das ein anderes Gefühl.*

Ortstermin: Alle zwei Jahre wird Venedig für ein paar Wochen zum offiziellen globalen Hauptquartier des Schönen, nämlich während der Biennale. Denn dort müssen alle hin, die sich von Berufs wegen als Expertinnen für Kunst, Kunsthandel und Museen verstehen, Kunstförderung, Kunstgeschichte, Neugier, das franst an den Rändern in viele weitere Bereiche aus, Kulturtourismus sowieso. Das ist meine Baustelle. Ich bin oft hingefahren, obwohl ich mit Gegenwartskunst nichts zu tun habe, aber ich fand das Herumwandern in der Stadt ohne Autos interessant, viele Installationen waren beeindruckend, überraschend und witzig (und manche ärgerlich), und das Publikum bunt und sehenswert; mindestens so interessant wie die Kunst waren die Leute, die von ihr angezogen werden. Auch da geht es um Besonderheit, und Unübersehbarkeit.

»Hast Du schon einmal *moecche* gegessen?« fragte mich der Berliner Schreiberfreund. »Das sind Schnecken aus der Lagune, berühmte venezianische Spezialität. Sie werden gefangen und dann lebend in Rührei gelegt. Dann essen sie soviel davon, dass sie aus ihren Panzern platzen und man sie kochen, schälen und essen kann – köstlich!« Er kam auch gerade von der Biennale zurück, er hatte für seine Zeitung über den Aufbau berichtet, über die *previews* für die Privatsammler und die Yachten der Oligarchen. Gewohnt habe er im ›Aman‹, erzählte er weiter. »Kennst Du das?« Ich schüttelte den Kopf. »Das Beste von allem Venezianischem!«, sagt er, »nur ohne Touristen.« Beziehungsweise nur solchen, die 2000 Euro für ein Zimmer bezahlten, also überschaubar. Und die dann mit dem Wassertaxi zu den Ausstellungspavillons zu den Giardini fahren, für 80 Euro einfache Fahrt.

Diese Besucherinnen und Besucher, dachte ich hinterher, sind vielleicht auch eine Art Schnecken. Sie fressen so viel aus ihrer Umgebung, dass sie am Schluss aus ihren Panzern platzen vor lauter Schönheit.

Was will der Sammler?

Niemand braucht dringender verzaubernde Dinge, Objekte also, die Wahrnehmung und Verhalten beeinflussen können, als die Industriegesellschaften der Moderne. Diese Dinge kommen gewöhnlich aus der Vergangenheit. Die stärksten Wirkungen erzielen diejenigen, die weit genug weg sind, um fremd und exotisch zu sein, aber nah genug, dass man die eigenen Ursprünge aus ihnen ableiten kann. In der sogenannten Waffenhalle der Privatsammlung des Hohenzollernprinzen Friedrich Karl Alexander in Berlin befand sich in den 1830er Jahren die getrocknete Hand jenes italienischen Priesters, der angeblich Kaiser Heinrich II. bei seinem Italienzug 1021 beim Abendmahl zu vergiften versucht hatte; außerdem der Kaiserstuhl aus Bronze aus dem Goslarer Dom, der um 1070 hergestellt worden war. Beide hatte der Preußenprinz aus dem privaten Antiquitätenhandel erworben, damals gab es das dort zu kaufen.

Auf dem selben Kaiserstuhl wurde übrigens 1871 Wilhelm I. im Reichstag zum Kaiser gekrönt – er legte Wert darauf, dafür originales Mittelalter unter seinem Popo zu haben.[79] Die drei italienischen Bildhauer, die eine Generation später in ihrem wütenden »technischen Manifest der futuristischen Malerei« gegen die Übermacht der historischen Kunstwerke protestierten, wollten deswegen die Museen auch gleich abschaffen. Sonst ersticke alles an der Macht der alten Dinge. »Wir werden die Sofas, auf denen wir sitzen«, verkündeten sie 1910, »und die Sofas werden wir« – Be-sitz im Wortsinn.[80]

Mai 2019: Ich war auf dem Weg zur Biennale, als ein kleiner kahlköpfiger Mann mit Gefolge und großen Koffern in den Erste Klasse-Waggon des Zugs nach Venedig stieg. Begleitet wurde er von einem ähnlich aussehenden, etwas jüngeren, der denselben auffällig geschnittenen engen weißen Anzug trug. Zusammen mit beiden stieg auch ein Filmteam ein. Hinter Mailand begann der kahlköpfige Mann seinem Gesprächspartner mit dem Mikrophon lange Interviews über die Situation der Gegenwartskunst und über die besondere Bedeutung der diesjährigen Schau in Venedig zu geben, während an den Fenstern die Industrie der Poebene vorbeizog. Aus der Nähe sah er etwas erschreckend aus mit seiner scharfen Nase, den rot unterlaufenen Augen und der straff gespannten Haut über hohlen Wangen, als ob sein Gesicht von etwas Unsichtbarem in der Mitte zusammengezogen würde. War das seine Aufgabe, das Beste aus der Welt zusammenzuholen auf sein Schloss auf einer Insel in einem Schweizer See und dort zusammenzuhalten?

DER SAMMLER, KURATOR, VERLEGER:
Das Wort schön ist für ihn nicht unbedingt positiv besetzt.
Die Aussage »Das Bild ist aber schön« ist eher distanziert, sie verweist aufs Dekorative. Ich würde eher »spannend« gebrauchen für das, was er sammelt, »aufregend«. Deswegen erlebe ich häufig, dass ich ein Ding – ein Foto, ein Buch, ein Objekt – haben will und kaufe, von dem ich vorher noch gar nicht wusste, dass es existiert. Und da freue ich mich jedes Mal. Die Kategorie, die für mich darauf besser passt als Schönheit, ist deswegen Zauber.

Er hat mehrere große Sammlungen aufgebaut und dann wieder verkauft, zuerst Fotos, dann Fotobücher – *als ich kapiert hatte, dass die nicht unbedingt von den Verlegern gemacht werden, sondern von den Fotografen selbst.* (Jetzt sind es Künstlerbücher.) *Das eine hat sich aus dem anderen entwickelt, ohne Planung. Das war die schöne Zeit* (sagt er lachend), *als im Antiquariat »The Americans« von Robert Frank nicht unter Fotografie stand, da standen Fotokurse, sondern in der Abteilung Reise-*

literatur. (Er hatte bereits eine sehr große Sammlung an Fotobüchern, als ihm plötzlich kleine Bücher in die Hände gerieten, die von Künstlern selber in kleinen Auflagen produziert wurden, zuerst mit Fotos, dann ohne.) *Das war spannend, und plötzlich wurden die Fotobücher ein bisschen langweilig. Und etwas ähnliches passiert mir jetzt, glaube ich, die Künstlerbücher werden allmählich zu einer geschlossenen Sammlung, das sind ungefähr 16 000 Stück.*

Geht es um Vollständigkeit?

Die Serie ist etwas, was mich anzieht, wenn es zehn oder zwölf oder 20 davon gibt, dann will ich die auch haben. Und die Künstler haben diese Serien mit großem Eigensinn durchgesetzt, auch bei verschiedenen Verlagen, immer wieder dieselbe Gestaltung, dasselbe Format. Das sind Monumente von Eigensinn.

Eine andere Privatsammlung, Innerschweiz. Ich habe sie mehrfach besucht, sie ist unter Fachleuten gut bekannt, in einem eigens für sie errichteten Gebäude untergebracht, entworfen von einem berühmten Architekten. Die Sammlung hat einen geräumigen Sitzungssaal, in dem Konferenzen stattfinden über das Nachleben der Antike und die Wissensordnungen der Renaissance; und einem großen Büchersaal im Untergeschoss, eine moderne Variante desjenigen anderer berühmter Bibliotheken, nach dem Vorbild von Montaignes Turmzimmer mit lateinischen Zitaten geschmückt. Darunter öffnen sich immer neue Untergeschosse, die in eine Art Keller münden mit einer dort installierten Quelle, die inmitten der kostbaren Frühdrucke und Erstausgaben am tiefsten Punkt des Hauses vor sich hin tröpfelte – das ist symbolisch gemeint.

Der Gründer erklärte gerne das Gesamtkonzept. Je länger er sprach, desto deutlicher wurde einem, dass man dem souveränen Herrscher über Bücherschätze aus dem 15., 16. und 17. Jahrhundert gegenübersaß, dessen idealer Leser nur er selbst sein konnte. Die Bedeutung seiner Sammlung, erklärte er, sei bislang nie ausreichend gewürdigt worden. Deswegen war er als Souverän das, was viele Souveräne der Frühen Neuzeit ebenfalls ausgezeichnet hat, nämlich ausdauernd gekränkt. Gleichzeitig war er in seiner Ausdauer ziemlich furchteinflößend, vor allem dann, wenn er von den Opfern sprach, die er für seine Sammlung gebracht hätte. Die gelehrten Institutionen da draußen, sagte er, die Bibliotheksverwaltungen, die das nicht würdigten und ihm versuchten Vorschriften zu machen, seien unverständig, undankbar und borniert.

Ein Wiener Sammler, im Interview. »Mit dem Sammeln gibst Du Dingen einen Wert, die vorher entwertet wurden. Damit kannst Du Deine eigene Melancholie bekämpfen, weil Du ja ständig mit Entwertungen zu tun hast und im Älterwerden selber entwertet wirst. [...] Es ist etwas Neurotisches, das Festhalten an etwas. Es ist die Ausgestaltung einer Welt und gleichzeitig eine Weltflucht. Und es ist angstbeladen, weil was passiert mit dem ganzen Geraffel, wenn du tot umfällst? Sammeln ist auch eine Darstellung von Lebenswahrnehmung, weil du ja über Objekte mit der Welt kommunizierst. [...] Meine Sammlung ist eine Kompensation. Sie hat auch viel mit Büchern zu tun. Ich war eben irgendwann auch konfrontiert mit diesen oberschichtigen Leuten, die zu Hause eine Bibliothek hatten und klassische Möbel, Biedermeier. Als ich vom Land nach Wien kam, war klar: Ich wollte in so eine bürgerliche Wohnung mit großen Türen. Nur was tust Du mit der großen Wohnung?«[81]

DER KUNSTHISTORIKER:
Dinge im Museum sind ja tot, und deswegen kann ich als Kunsthistoriker damit arbeiten. Sonst könnte ich das nicht.

Ich beneide die Sammler nicht. Ich kenne eine Sammlerin gut, und die hat den horror vacui, sie muss eine Art Lücke füllen. Ich nehme zur Kenntnis, dass das ein Zustand der Beglückung sein kann, aber ich selbst empfinde anders. Für mich ist sie als Sammlerin erträglich, weil sie die materiellen Spuren an den Dingen mag, die sie kauft, und auch selbst welche hinterlässt, und bei ihr kann so ein Kratzer auch schon einmal eine halbe Million kosten. (Er lacht.)

Die Kunstwerke, die sie kauft, sind Gespenster – aber für sie (die Sammlerin) *leben die. Bei mir ist das genau anders herum, deswegen kann ich mit ihr gut zusam-*

menarbeiten. Sie ist sehr ästhetisch – die hatte auch den schönsten Mann der ganzen Stadt. Aber in der Kunst, die sie sammelt, sieht man das nicht, es ist eher untergründige Belebtheit, die sie interessiert, verschüttete Dinge, Zugedecktes; verschüttet auch bei ihr. Sie hat all die Breughels, Grunewalds, Matisses und eine riesige künstliche Perserkatze, von der sie selbst sagt: »Das ist das einzige Ding hier, das nicht lebt.« (Er schüttelt sich, in einer Art vergnügter Abscheu, um maximale Distanz auszudrücken.)

Ihre Sammlung ist eine Höhle, eine Grube. Ich würde dort keine Nacht verbringen können zwischen all diesen Dingen.

Nachdem ich die ersten handkolorierten alten japanischen Fotos gesehen hatte, war ich *hooked*, verzaubert, aber wovon? Ein melancholischer Samurai posiert in altmodischer Rüstung. Landschaften mit alten Tempeln und Teebüschen. Marktstände und Teehäuser. Kostümierte Geishas. Gemacht wurden diese Bilder in der boomenden Industriestadt Yokohama von eingewanderten Europäern für wohlhabende westliche Reisende, nach den Motiven der älteren populären Holzschnitte der *ukoyu-e*, der »flüchtigen Welt« und koloriert von japanischen Handwerkern. Die japanische Wirklichkeit der 1860er und 1870er Jahre mit Fabriken, Dampfschiffen und Kinderarbeit ist auf ihnen nirgends zu sehen. Aber die Bilder waren auf eine sanft ironische, distanzierte und distinguierte Weise schön, die ich selbst nicht einordnen konnte. Ich wollte mehr davon sehen.

Der Sammler, den ich angeschrieben hatte, hatte sofort sehr freundlich geantwortet. Er wohnte in einem großen Haus in der Altstadt und zeigte mir einen Vormittag lang seine Alben, eine Kostbarkeit nach der anderen. Die Leidenschaft für Japonica habe er von seinem Vater geerbt, sagte er, der habe Farbholzschnitte gesammelt; er habe das ausgeweitet auf Fotografie. Auf dem Weg in den ersten Stock musste ich die Schuhe ausziehen und in japanische Sandalen steigen; atemberaubend schöne Bilder an den Wänden, Samurais, Vulkansilhouetten, Reiher am Meer. Aber die Originale der alten Fotos, lernte ich beim Blättern in den Alben, sind oft stumpf und farbmüde, weil die Pigmente sich in den 150 Jahren begonnen haben chemisch zu verändern: Die subtilen Grüns und Blaus verblassen, die Pink- und Lilatöne treten grell hervor. Am strahlendsten sind die kolorierten japanischen Fotografien deshalb ironischerweise auf den vergrößerten modernen Reproduktionen, die ihnen Glanz verleihen.

Der Sammler ist mit einer Japanerin verheiratet. Der berühmte Fotograf Nobuyoshi Araki habe 400 Fotobücher gemacht, erzählte er mir am Schluss; er selber besitze 375 davon und habe Araki mehrfach getroffen. »Es geht ihm nicht gut, er ist Mitte 70 und hat Hodenkrebs.« Beim Hinausgehen aus dem akkurat aufgeräumten großen Raum mit der Sammlung im zweiten Stock sah ich aus dem Augenwinkel im Vorraum auf einem Regal ein Buch liegen. Es war die deutsche Taschenbuchausgabe von Marie Kondos Bestseller über das Aufräumen der eigenen Wohnung. Was machte es hier?

Der Sammler, Kurator, Verleger:
Zum Weggeben seiner Sammlungen: *Das war kein Schnitt, sondern eher eine Überlappung. Die eine Sammlung wächst aus der anderen heraus. Mit erzeugt ist das von der positiven Überraschung, dass man sich dieses neue Gebiet noch leisten kann, dass da etwas Neues aufgetaucht ist, von dem die anderen Sammler noch nichts wissen. Natürlich schaut man die Bücher eines Künstlers anders an, wenn man z. B. weiß, dass eines von den großen Museen die gesamte Serie gekauft hat. Aber es gab immer Dinge, die ich nicht gekauft habe.*
Ob es um den Moment des Auffindens gehe, der plötzlichen Entdeckung von etwas Überraschendem, Intensiven, Bezaubernden?
Ja, auf jeden Fall. Wenn ich eine Künstlerin oder einen Künstler neu entdecke, dann will ich wissen, was sie oder er sonst noch gemacht hat. Ein Sammler ist jemand, der nie fertig ist. Die Sammlung ist eine unabschließbare Aufgabe.
Er bemerkt, dass er damit dem widerspricht, was er zuvor gesagt hat. *Ich habe ja gar nicht mehr den selben Bezug zur Sammlung wie zu der Zeit, als ich sie aufgebaut habe und dann alles zum ersten Mal verkauft. Jetzt*

kann ich besser beobachten, was da passiert, mit meiner Wahrnehmung der Dinge. Ein Verkäufer in einem großen Auktionshaus hat mir einmal gesagt: »You have to sell when it hurts« – man muss es verkaufen, während man das Material noch toll findet, es begehrt und weiß, dass man es vermissen wird.

Sammeln ist etwas Ähnliches wie die gleichlautenden, aber in ganz verschiedenem Sinn gebrauchten Kontronyme Aufheben und Anhalten: Es beschreibt mehrere unterschiedliche Tätigkeiten auf einmal. Das Bedürfnis nach den schönen Dingen geht mit Auswahl einher. Der Sammler will nicht alle, sondern nur die besten. Der Sammler ist deswegen großzügig. Der Sammler ist immer auch Weiterverschenker, er möchte Dinge auch wieder abstreifen, um nicht der überforderte eigene Museumswärter zu sein. Die Wohnung des Sammlerfreunds am See ist voll mit schönen Dingen und schönen Bildern, die er von seinen Reisen mitgebracht hat, und schönen Fotografien, die er in seinem langen Flur aufhängt, bis zur Decke. Beschenkt er mich deswegen jedes Mal, wenn ich ihn besuche?

Der Schriftgestalter Jan Tschichold war in den 1960er Jahren Nachbar des Schriftstellers Max Frisch in Berzona im Tessin. Als Frisch ihm sein gerade neu erschienenes Buch hinhielt, sagte Tschichold nur: »Abscheulich« und musterte ihn mitleidig. Den Umschlag hatte der vielfach ausgezeichnete Willy Fleckhaus gestaltet, notierte Frisch hinterher in seinem Tagebuch.[82] In den Wunsch nach der selbstbestimmten schönen Innenwelt, die nur den schönen Dingen gewidmet ist, ist das eigene Leiden offensichtlich immer schon eingebaut. Wer überzeugt ist, für die Definition und Produktion des Schönen zuständig zu sein und beides zu verkörpern, für den wird der Rest der Welt ästhetisch ungenügend.

Der Berliner Kunsthistorikerkollege lächelte. »Oh, die Sammler.« Er hatte für ein Projekt mehrere davon interviewt. »Die bekommen am Ende nie die Anerkennung, die sie sich wünschen. Keine Sammlung erhält irgendwann soviel Bedeutung, wie sich ihr Besitzer davon versprochen hat.« Das sei wahrscheinlich einer der sichersten Wege, sich auf Dauer unglücklich zu machen, sagte er achselzuckend: Ganz viele bedeutungsvolle Gegenstände erwerben und anhäufen. »Und ich« sagte er und wies auf die große Bücherwand hinter sich, die bis zur Decke reichte, »bin wahrscheinlich auch so. Aber nur ein bisschen.«

Sammeln ist Selbstdokumentation mit Fremdmaterial. Der Sammler ist der Wächter seiner Schätze und derjenige, der von ihnen beladen ist, weil er sie nun vor Zerfall und Verschwinden bewahren muss, für immer. Sammeln erzeugt Mangel – »Das habe ich noch nicht!« – und Furcht – »Was, wenn meine Wohnung, mein Haus, mein Lager abbrennt?« Sammler zeigen diese Empfindungen durchaus gerne vor Publikum vor, denn sie sind stolz darauf, dass sie beides ertragen. Der Sammler, habe ich mittlerweile gelernt, hat immer recht, solange er am Leben ist. Wenn der Sammler noch dazu ein wohlhabender und einflussreicher Kunsthändler oder Manager ist, dann *ist* etwas authentisch, wenn er sagt, dass es authentisch ist.

Eine Sammlung ist nicht nur eine Besserungsanstalt für denjenigen, der sie anlegt, um sich durch sie in eine kultiviertere, feinfühligere und – es geht ja nur um die Schönheit! – ästhetischere Person zu verwandeln. Sie ist auch eine innere Burg, eine Festung. In ihr geht es um Pflichten, die Pflichten gegenüber den schönen Dingen. Das Akkumulieren und Bewahren dieses Schönen ist große und fast unerfüllbare Aufgabe; und ein Gefängnis, das man selbst gebaut und bezahlt hat.

Im Reich der Liebe

Das wohlhabende Paar hatte mich zum Abendessen in ihr neues Haus eingeladen. Das alte war schon herrschaftlich in einem Park auf einem Hügel gelegen mit Blick über die Stadt und den See. Das neue, erbaut von dem Architekten, der auch den Neubau des Kunstmuseums entworfen hatte, war noch größer. Viel größer, in mehrere Blöcke aufgeteilt, hohe polierte Bronzetüren, riesige bodentiefe Fenster mit schwarzen Metallrahmen und sehr hohe Räume: vier, fünf Meter? Heller polierter Travertinboden, gewaltige dunkle Nusspaneele an den Wänden, die Anmutung irgendwo zwischen Ramses und Zumthor, ägyptisch-alpin. In jedem der Küchenschränke hätte ein ganzer Hirsch Platz gehabt. Die Arbeitsfläche in der Küche aus poliertem grünem Stein war acht Meter lang. An ihr saßen wir zu dritt mit selbstgekochten Spaghetti.

Der offizielle Esstisch im Raum nebenan maß zehn Meter, die Bilder an den Wänden zweieinhalb mal drei, drei mal vier Meter, und es waren viele. Dazwischen Skulpturen und Vitrinen mit noch mehr Kunst, dahinter noch mehr Sofas. Die Hausherrin erzählte, dass sie seit dem Umzug ein paar Kunstwerke von Katharina Fritsch einfach nicht mehr wiederfänden, »so kleinere Arbeiten«. Die Spaghetti und die Soße waren sehr gut, aber sie hatte eine komplizierte Operation gehabt, konnte nicht viel essen und sah in ihrem eleganten schwarz-weißen Kleid aus wie etwas sehr Zerbrechliches in einem kostbaren Futteral.

Der Hausherr beklagte sich über endlose Reparaturen und Nachbesserungen. All die Leute auf dem Bau kämen aus Osteuropa, »die können das nicht«, das Material für die Haustechnik aus China, die Schalter, und er zeigte mir, wie er in jedem Raum die Temperatur steuern könne, 20 Grad in Gästezimmer eins, Gästezimmer zwei, im Büro, im unterirdischen Schwimmbad, im privaten Kino und in noch mehr unsichtbaren Zimmerfluchten. Der Stolz auf die Perfektion und die Klage über das, was immer noch nicht funktionierte – »dabei sind wir jetzt fast schon ein Jahr hier drin!« – gingen nahtlos ineinander über.

Die großen Gemälde waren in eher düsteren Farben gehalten, und zusammen mit dem Dezemberabend erzeugte das einen Hauch von monumentaler Grabkammer in Edelholz. Das Haus war gleichzeitig Schatzkammer und Sozialreaktor, so groß, dass es nur unbenutzt wirken konnte, Museum und Mausoleum in einem: ein gewaltiges Denkmal für seine Bewohner als Akkumulatoren des Schönen.

Am Morgen nach meinem Besuch wurde ich bei mir zuhause wach von dem lauten Scheppern, mit dem am Haus gegenüber der Schräglift eines Umzugsunternehmens montiert wurde; es war zwanzig nach sieben. Vor dem Haus stand ein großer Lieferwagen, und breitschultrige Männer packten Möbel auf den Lift: Sie transportierten die Einrichtung der alten Dame ab, die dort vorher gewohnt hatte. Ich sah sie durch das Fenster. Sie saß sehr aufrecht zwischen den gestapelten Kartons, mit unbewegter Miene, während die Zügelmänner loslegten, so nennt man sie in der Schweiz, von Zügeln, umziehen. Es waren ziemlich viele Kartons, aber die Jungs waren schnell. Der Aufzug klapperte hinunter und wieder hinauf, und nach drei Stunden waren die Zimmer leer und die alte Dame und ihre Möbel und Kartons irgendwohin verschwunden. Geputzt wurde am nächsten Tag. Gegen diese finale

Mobilisierung, die Auflösung des Eigenen verspricht so eine Sammlung imaginären Schutz, dachte ich, gegen die Gewissheit: Du wirst gelöscht werden.

> Die Galeristin:
> Und wie ist das mit dem Sammler?
> (Sehr entschieden, plötzlich veränderter Tonfall) *Dem Sammler geht es nicht nur um Schönheit, sondern auch um noch ganz andere Dinge. Schwer zu beschreiben – um das Dunkle, Düstere, das auch in manchen starken Bildern steckt. Das Bild spricht dann verborgene Seiten in einem an, die einem selbst nur teilweise zugänglich sind.*

»Die Leute mit perfekten Häusern«, lässt Ottessa Moshfegh in »Eileen« ihre boshafte Romanheldin sagen, »sind einfach besessen vom Tod. Ein Haus, das so richtig gut in Schuss ist, eingerichtet mit den passenden Qualitätsmöbeln, geschmackvoll dekoriert, alles am rechten Platz, das wird zum eigenen Grab. Leute, die wirklich leben, haben chaotische Häuser. Ich wusste das schon mit 24.«[83]

Wenn der durchschnittliche Schweizer, Deutsche und Österreicher zwischen fünf und sechs Wochen im Jahr nur für sein Auto arbeitet, wie hoch ist dann der Prozentsatz seines Erwerbslebens, den er für die eigenen vier Wände aufbringt? Nachrechnen macht die Sache übersichtlicher. Um dann im Pflegeheim zu sterben.

Auch Sommerhäuser, habe ich mittlerweile gelernt, sind solche mit beträchtlichem finanziellem Aufwand hergestellte Sozialinstallationen: Schaukästen oder Vitrinen, mit einem selber drin. Denn so geschmackvoll, nachhaltig, authentisch und behutsam wie mein Haus in der Uckermark oder im Unterengadin, im Fricktal oder in der Toskana, je nach Kriegskasse, so soll nämlich mein ganzes Leben sein. Diese Häuser sind Festungen des richtigen Eigenen, aus denen alles Unpassende verbannt ist. Und sie sind Verheißungen von Kontrolle und Vorhersehbarkeit, Raumschiffe in eine Welt, in der niemand je krank werden wird, in der Ehepartner niemals weggehen, Kinder niemals groß werden und alle Dinge die Bedeutung behalten werden, die sie jetzt gerade haben. Oder behalten sollen – für immer, oder so.

Wenn die Batterien der Fernbedienung leer sind, lässt Hervé Le Tellier in *Die Anomalie* einen seiner Romanhelden – einen Architekten – sinnieren, »drückt man umso fester auf die Knöpfe.« Je schöner und kostspieliger die Häuser, desto größer ist auch die Wahrscheinlichkeit, dass sie hinterher zum erbitterten Streitgegenstand jedes familiären Konflikts werden, ob Scheidung oder Erbteilung. Für diese Privatfestungen des Schönen tun ihre Besitzer alles, aber auch wirklich alles, weiß ich mittlerweile, und stemmen leise klagend alle hineingesteckten Arbeitsferien, Reparaturen und Hypotheken. »Natürlich gehört das Haus jetzt mir«, hat mir ein Freund erklärt, der sich gerade so einen romantischen alten Kasten mit kaputten Fenstern in der Lombardei gekauft hatte, »aber ich gehöre jetzt auch dem Haus.«

»Wieso« fragte er, »hast Du eigentlich kein Ferienhaus oder Chalet oder Maiensäss?«

Die Antwort fiel mir erst später ein, wie immer, als ich schon wieder auf dem Weg nach Hause war: weil die Welt ohne größer ist.

DER KUNSTHISTORIKER:
Ich sammle deswegen nicht. Du hast etwas, und wenn Du es hast, ist das Begehren danach vorbei. Ich habe mir manchmal etwas gekauft, weil ich dachte, das ist so schön, das möchte ich haben; und dann habe ich es nach Hause getragen und nicht einmal ausgepackt. Und dann verschenkt. Der Zauber war weg, als ich es hatte.

Es geht nicht um Minimierung; es geht um Aufladung. Das Plötzliche, das Jetzt, das ist das Leben, und das ist am Schönsten, wenn man es nicht vorbereitet oder erwartet hat. Und dann ist es wieder weg – aber es kann wiederkommen. Wenn man es aber hat und festhält, dann kann es eben nicht wiederkommen.

Jahrestagung des Verbands der Schweizer Museen, 2020. Am Ende seines Lebens, sagte die muntere Direktorin in ihrem Vortrag, habe Karl Marx in einem seiner Notizbücher notiert: »Beauty is booty.« Seitdem suche ich die Quelle des Zitats, aber ich finde es nicht – alle Verweise enden in anderen Zitaten aus ziemlich apokryphen Interviews mit Jean-Luc Godard. Wessen Beute eigentlich, und für welche Betrachter?

Das Zitat ist vielleicht einfach zu gut, um echt zu sein, sagt mein Philosophenfreund, und es sei deutlich theologisch unterfüttert. Wenn es um Besitz gehe, werde eigentlich über die letzten Dinge geredet, über Transfers ins Jenseits. Das Fegefeuer sei ein vorübergehender, wenn auch sehr unangenehmer Aufenthalt; dort büße man für seine Vergehen, und deswegen würden dort die Hedonisten von den Marxisten gepeinigt. In der Hölle dagegen – da sitze man für immer – würden die Marxisten von den Hedonisten gequält.

Und im Himmel?

»Da sind diejenigen, die nicht an Erlösung glauben.«

Beim Besitzen und Sammeln geht es offenbar nicht um Gewinn oder Profit, jedenfalls nicht am Anfang. Beim Sammeln geht es um die Liebe. Sammeln ist der Versuch, einen Moment der Offenbarung des Schönen und Begehrenswerten zu erhalten, die plötzliche Präsenz von etwas vorher Unglaublichem und Verzauberndem, das sonst sofort wieder wegflutscht und zu verschwinden droht. In ihrem Buch über die Dinge und das Gedächtnis erinnert Maria Stepanova an die These des britischen Autors Clive Lewis, dass alles, was von Menschen intensiv geliebt werde, dadurch belebt werde, eine Seele erhalte und deswegen an der

Erlösung teilhaben könne, also wiedergeboren werde. Das gelte für den eigenen Hund oder Kanarienvogel genauso wie für den geliebten Gegenstand. Die Dinge selbst müssten dafür gar nichts empfinden, erklärte der theologisch gut bewanderte Lewis. Die Liebe, die ihre Besitzer über sie ausgössen, sei ausreichend, um sie zusammen mit ihm oder ihr ins Paradies zu transportieren.[84]

Clive Staples Lewis, geboren 1889, gestorben 1963, war Professor für mittelalterliche englische Literatur am Magdalen College, Oxford. Er war außerdem Freund und Kollege von John Ronald Reuel Tolkien und der Autor der *Chroniken von Narnia* und zahlreicher anderer populärer Fantasy-Romane. Seine *Four Types of Love* wurden 1961 von dem katholischen Benziger Verlag in Einsiedeln auf Deutsch publiziert. Das Paradies des Sammlers besteht darin, dass er dessen Einrichtungsgegenstände selbst ausgewählt hat und ihnen – durch Verwandlung in einen Schatz – ewiges Leben organisiert.

So weit wäre ja auch alles gut. »Liebe aber«, schreibt nun Stepanova weiter, »ist ein peinliches, läppisches Gefühl, wie geschaffen dafür, dem Menschen Demut und Selbstironie einzuflößen. Sie ist eine Gleichgewichtsstörung, die komische Situationen mit sich bringt und uns hindert, uns frei und schwerelos zu bewegen.«[85] Liebe, will die russische Dichterin uns möglichst schonend beibringen, ist Abhängigkeit.

Hat deswegen das Schöne so viele erfreuliche Wirkungen, aber offenbar nie auf diejenigen, die es herstellen, beurteilen, verkaufen und ankaufen? Schönheit, hat die Philosophin und Psychoanalytikerin Anne Dufourmantelle geschrieben, erhebe und verstöre ihre Betrachter. Sie fixiere sie in dem, was ihre Möglichkeiten übersteigt. Schönheit sei Überforderung. »Sie verweist uns auf diesen Spalt im Inneren der Wirklichkeit, den sie selbst weder umschließen noch begrenzen kann. Ihre Bewegung bleibt als Gnadenzustand in der Schwebe. Sie ist eher Verb als Substantiv.«[86]

Der Rechtshistoriker:
Kann das Schöne vermehrt werden?
Ja, wenn Akkumulieren Vermehren und Steigern heißt, dann mache ich das sicher. Ich habe vor 30 Jahren diesen Witz gehört, der mich seither begleitet. Ein Kunde kommt zu einem Holzschnitzer im Oberammergau und möchte die Figur eines leidenden Christus. Er bekommt ihn und sagt, der Holzschnitzer solle dem Gepeinigten noch ein paar mehr Falten ins Gesicht schnitzen, der Ausdruck des Leidens sei noch nicht stark genug. Das wiederholt sich mehrere Male, bis der Kunde beim dritten Mal sagt: »Jetzt mag ich ihn nicht mehr. Jetzt grinst er ja.«

Die Dinge und ihre Betrachter reagieren aufeinander. Wenn man den begehrten schönen Gegenstand sehr lange und sehr intensiv betrachtet, beginnt er sich dabei zu verändern. Wenn er dagegen zu lange unbeachtet in der eigenen Wohnung liegt, verliert er seine Konturen. Bilder, die zu lange unverändert an den Wänden hängen, werden für diejenigen, die zwischen ihnen wohnen, unsichtbar, samt ihrer besonderen ästhetischen Eigenschaften – ganz wie die Denkmäler, von denen Robert Musil das in den 1920ern geschrieben hat.

Erosions- und Benutzungsspuren erscheinen deshalb nicht nur auf den Verkörperungen des Schönen, sondern auch auf ihren Verkäufern und Besitzern. Die intensive tägliche Beschäftigung mit kostspieliger Schönheit hinterlässt sehr spezielle Spuren auf den Gesichtern der *professionals*, der Galeristinnen und Kunsthändler, der Sammlerinnen und Sammler. Denn das zeigt THE LOST LEONARDO sehr deutlich, der Dokumentarfilm über das teuerste Gemälde des Planeten, von dem weiter oben schon die Rede gewesen ist. Man wird selbst nicht schöner, wenn man sehr viele Biennalen in Venedig besucht und viele Auktionen bei Christie's.

Das Benennen und Verwalten des Schönen ist deswegen eventuell nicht ganz freiwillig. Es ist kein Spass, sondern eine Art Wettbewerb, in dem im Namen von Intensität der Empfindungen mehr oder weniger alles erlaubt ist. Dabei geraten die Grenzen zwischen Dingen und Personen ins Schwimmen, und

Sammlerin und Sammler werden selbst zu Quellen und Behältern ästhetischer Wahrhaftigkeit: Sie werden vom Schönen, das sie gesucht haben, dauerhaft bewohnt. Es scheint einen spezifischen Mangel zu erzeugen, den man dann mit sich herumträgt. Eine Art Loch – oder Abfluss?

5 Lass es weg

> Z is for zero, derived from the Sanskrit word meaning
> empty
> clear
> nothing more to fear.
> (Anne Carson, *Float*, 2016)

Ich bin ein Weichtier, und deswegen brauche ich eine Schutzschale. Die besteht aus Papier, aus meinen Büchern und Zetteln in Ordnern und Schachteln. Sie wird über die Jahre immer geräumiger, dicker und undurchdringlicher, sie wächst mit, wie bei den Austern und Einsiedlerkrebsen. In meinem Büro reichen die Regale schon bis zur Decke, Materiallager, Munitionsdepot und Sediment in einem.

Und das ist nicht nur bei mir so. Im Büro des Kollegen: Stapel von alten und neuen Ausgaben von *Times Literary Supplement* und der *New York Review of Books* vor dem Schreibtisch, Stapel von Büchern dahinter, noch mehr auf den Regalen und Tischen und Stühlen, und im Raum nebenan all die Bücher, die er herausgegeben hat in den letzten 20 Jahren, das Regal hat vier mal drei Meter, ein Gebirgsmassiv. Ob ich nicht welche davon mitnehmen wolle? Der Flur in der Wohnung einer anderen Kollegin hat sich über die Jahre in einen engen Schlauch zwischen überbordenden Regalen voller DVDs und Videos verengt, der dann in Regale voller Kochbücher übergeht, das Arbeitszimmer ist eine Tropfsteinhöhle der angelsächsischen Literatur, die alle Wände bis zur Decke füllt, und davor eine Vitrine mit den – sehr schönen – alten Brillen ihrer Mutter. Wenn unsere Wohnungen Schreine oder Schatzkammern sind, dann sind sie jedenfalls gut bestückt, Regale mit Ordnern, Papierstapeln, Büchern und CDs, bis zur Decke.

»Ich sammle nicht«, sagt die Freundin, »ich kann mich nur nicht trennen.« Als sie den Sekretär öffnet, ist der voll mit noch mehr Dingen, ich erschrecke ziemlich, sie quellen sozusagen heraus, und sie sagt: »Das sind doch alles Geschenke, die kann ich doch nicht wegtun!« Ich verstehe, dass die Wohnung mit all ihren Dingen eine Schutzhülle für sie ist, oder eine Schutzhütte: Eine Zeitkapsel aus den 1990er Jahren, in der sie seither unterwegs ist. Unsere Wohnungen sollen mit den vielen Büchern und Bildern und magischen Gegenständen die etwas bedrohliche Welt draußen auf Abstand halten: Wir sind Mollusken in Panzern aus Dingen.

Wodurch wird etwas schön? Durch die Konzentration, die es dem Betrachter ermöglicht. Und die wird erzeugt durch den leeren Raum, den das jeweilige Ding umgibt. Deswegen ist im Layout der Zeitschriften, die schönen Fotos, besonders erlesenen Gebrauchsgütern, kostspieligen Designobjekten und Architektur gewidmet sind, ein großzügiger weißer Rand unerlässlich, der elegante Leerraum. Es braucht viel Abstand zur Alltagswelt durch weißes oder hellgraues Passepartout, um das Objekt – *irgendein* Objekt – so richtig zur Wirkung zu bringen und um es strahlen zu lassen. Also: Reduktion.

DER RECHTSHISTORIKER:
Das beschäftigt mich schon, das Zuviel, wo die Schönheit ins Dysfunktionale kippt: Wenn die Kissen auf dem Sofa so perfekt geradegerichtet sind, dass man sich gar nicht mehr draufsetzen mag, weil es so schön ist. Jeder schöne Gegenstand braucht Raum um sich herum, und manchmal schaue ich mich in meiner eigenen Wohnung um und denke, ich bin auch schon auf dem Weg dorthin, ohne es zu merken, es wird immer voller – so wie beim Frosch im Kochtopf, bei dem es auch unmerklich immer wärmer wird, ohne dass er es merkt.

Wir haben die eigenen schönen Dinge ohnehin nicht nur für uns selber. Herlinde Koelbls Fotobuch Das deutsche

Wohnzimmer zeigt das sehr schön. Unsere Auswahl und unser Geschmack sind ein Signal, kontaminiert mit Statusaspirationen. Unsere Dinge, das sind Botschaften für Dritte.

Vor gut hundert Jahren trat der Architekt Bruno Taut an, im Namen der Schönheit die deutschen Wohnzimmer in Ordnung zu bringen. »Weg mit überflüssigen Kissen, Decken, Nippes, Vasen, Bildchen« forderte er in seinem Buch *Die neue Wohnung* von 1924. Selbst »die schlechtesten Ramschmöbel« hätten noch einen eleganten »konstruktiven Körper«, wenn man ihre Verzierungen entferne – Taut riet zum Absägen. Ähnlich klang das in dem Ratgeber *Der neue Haushalt* von 1926. Die Autorin Erna Meyer riet zu »unbedingter Ornamentlosigkeit«. Neun Zehntel all dessen, was an den eigenen Wänden hänge, »können wir getrost entfernen« und zu den Dingen geben, »deren Reinigung kein Kopfzerbrechen mehr macht, weil sie nicht mehr vorhanden sind.« Ein anderer Architekt, Adolf Behne empfahl 1926 in dem Essay »Das Zimmer ohne Sorgen« in der eleganten Illustrierten *Uhu* »nur ein Minimum an Hausrat«, um die »Räume von besonderer Ruhe und Klarheit« zu erzeugen, die der moderne, übernervöse Großstadtmensch brauche. Wenn der Mensch kein Sklave seiner Wohnung mehr sein wolle, »verurteilt zum ununterbrochenen Staubwischen«, könne der Großteil der Dinge einfach weg. »Vielleicht braucht man wirklich nicht mehr als ein Bett, einen Tisch und ein Grammophon, um glücklich zu sein.« Die eigene Wohnung, schrieb Behne, müsse nicht mehr als Museum, Theater und Kirche herhalten. Er selber habe seine Bilder abgehängt. »Nein, meine Zimmer sollen kein Museum mehr sein.«[87]

Solche Ermahnungen zur Konzentration und Vereinfachung passten zu den Konstruktionsprinzipien der Architektur derselben Jahre und zu ihren Versprechungen auf eine rationalere Gestaltung des Alltags. Der am Dessauer Bauhaus tätige Schweizer Architekt Hannes Meyer schrieb im selben Jahr 1926 unter dem programmatischen Titel *Die neue Welt*, dass den »Halbnomaden des heutigen Wirtschaftslebens« erst die Standardisierung ihre Wohnung, Kleidung und Nahrung die »lebenswichtige Freizügigkeit, Wirtschaftlichkeit, Vereinfachung und Entspannung« böte.[88]

Persönliche Freiheit durch Weglassen lautete diese Verheißung, vorgetragen in der ersten Person Plural. »Wir wollen befreit sein« forderte ein anderer Architekturtheoretiker, Sigfried Giedion, 1929 in seinem Buch *Befreites Wohnen*. »Vom Haus mit dem Ewigkeitswert und seiner Folge; vom Haus mit den teuren Mieten; vom Haus als Monument; vom Haus, das uns durch den Unterhalt versklavt.« Prominente ästhetische Vorbilder nannte er auch gleich. Die Berliner Wohnung des berühmten Regisseurs Erwin Piscator sei von dem Gestalter Marcel Breuer nur mit einem »Minimum an Möbeln« eingerichtet worden.[89]

Diese Visionen von Klarheit durch Leere waren

aber nicht nur kompatibel mit dem Selbstbild der ästhetischen Moderne; sie hatten auch eine nüchterne ökonomische Komponente. In der Wirtschaftskrise nach Kriegsende und der Hyperinflation des Jahres 1923 hatte der größte Teil der wohlhabenden Mittelschichten ihr gesamtes Vermögen verloren – nicht nur in Deutschland, sondern auch in Österreich, Ungarn und Polen. Der amerikanische Dollar, der Ende Januar 1921 noch 60 Mark gekostet hatte, war Ende Januar 1923 auf 49 000 Mark gestiegen, am 28. Juli 1923 auf eine Million, am 8. August auf 4,6 Millionen und im November 1923 auf 4,2 Billionen Mark. Die Folge war massenhafte Armut und Notverkäufe des zuvor in bürgerlichen Kreisen selbstverständlichen reich geschmückten Hausrats. Eine zuvor gutsituierte Hamburger Tagebuchschreiberin notierte im Spätsommer 1923 akribisch, wie sie ihr Silberbesteck und ein paar goldene Manschettenknöpfe verkaufte, um überhaupt Kohle zum Kochen und Heizen zu bekommen.[90]

Erst 1928 hatten die Löhne das Niveau des Jahres 1913 wieder erreicht; im Jahr darauf führte die Weltwirtschaftskrise erneut zu drastischen Einkommensverlusten. Einfacher wurde dadurch nur eines: Umziehen. »Die ehemalige Repräsentation und Behaglichkeit«, schrieb die Journalistin Gabriele Tergit 1931 im *Berliner Tageblatt*, »ist öder Ballast. Der Mensch braucht Bett, Tisch, Stuhl, Schrank, die Sachlichkeit ergibt sich ohne weiteres aus der Armut.« Armut war auch das Wort, das Walter Benjamin in seinem berühmten Essay über »Erfahrung und Armut« 1932 für solchen unfreiwilligen radikalen Minimalismus gebrauchte – mit einem überraschenden Schlusssatz: »und was die Hauptsache ist, man tut es lachend«.[91]

In der weiteren Geschichte der ästhetischen Reduktion im Namen einer heroischen Moderne und des befriedigenderen Lebens im 20. und 21. Jahrhundert verschwindet das Wort Armut allerdings, und Benjamins Versprechen auf Heiterkeit ebenfalls. Der Minimalismus als Reduktion auf das Wesentliche, Eigentliche und unüberbietbar Schöne betonte eher die Strenge. Er übernahm die Formeln, die schon bei den Architekten der 1920er Jahren auftauchen, zusammen mit dem selbstbewussten (und auffallend häufig groß geschriebenen) Adjektiv »neu« und der Verheißung auf Befreiung aus dem Reich der unnützen Dinge.

Der Slogan »Less is more«, der gewöhnlich dem Architekten Ludwig Mies van der Rohe als einem der Schöpfer der klassischen Moderne zugeschrieben wird, taucht zuerst in einem Gedicht von Robert Browning 1855 auf, in dem er den Renaissancemaler Andrea del Sarto seine eigene übermäßige technische Perfektion beklagen lässt. Der Minimalismus, für den das Oxymoron steht, ist erst einmal ein leicht wiederkennbarer Stil der Selbstdarstellung. Genau dafür, nämlich als Marketing für seine eigene unverwechselbare ästhetische Expertise hatte der amerikanische Architekt Philipp

Johnson sein berühmtes »Glass House« 1947 geplant (er bediente sich dabei großzügig von einem kurz zuvor entstandenen Entwurf von Mies van der Rohe) und 1949 in New Canaan in Connecticut errichtet – weit genug entfernt von den Metropolen, um als Refugium bezeichnet zu werden, nah genug, um als Treffpunkt für mögliche Auftraggeber und *beautiful people* zu taugen.[92]

Johnsons modernistische Leere hatte mit seinen älteren Vorläufern gemeinsam, dass sie Kontrolle versprach. Auch sein Minimalismus war Souveränität und Entscheidung darüber, was den ästhetischen Bedürfnissen genügte und deswegen bleiben durfte und was als hässlich und unpassend zu verschwinden hatte, und zwar sofort. Johnsons Haus hat nur einen einzigen Raum und durchsichtige Wände. Die demonstrative Bedürfnislosigkeit des älteren Minimalismus deutscher Prägung verknüpfte es mit demonstrativem und enthusiastischem Konsum amerikanischen Stils und entsprechenden Partys: Velvet Underground gaben 1967 auf der Wiese vor dem Haus ein Konzert.[93]

Der Rechtshistoriker:
Hat er Dinge, die er weder braucht noch mag?
Das ist eine interessante Frage, über die ich bewusst nicht nachdenke. Denn dann muss man sich das eingestehen. Das braucht allzuviel Energie, und noch mehr Energie, daraus die Konsequenzen zu ziehen. Entscheiden kostet immer Kraft, das Eingestehen einer verfehlten Zweck-

bindung ebenfalls, und Wegwerfen ist in vieler Hinsicht nicht der optimale Umgang mit dem Überflüssigen und Ungebrauchten. Manche Dinge, die ich loswerden möchte, wären anderen Leuten nützlich und haben Marktwert, aber Dinge anzubieten und zu verkaufen verlangt beträchtlichen Aufwand.

Schöne Dinge sind Freiheitsverluste. Sie machen künftige Entscheidungen schwieriger. Meine Bücher hier – deutet auf die Regale – *die mich anschauen und flüstern, warum ich sie noch nicht gelesen habe und ob ich sie überhaupt je lesen werde. In dem Besitzverhältnis steckt ja immer auch eine Art Pflicht, ein stiller Vorwurf. Dinge, die mir nicht gehören, dürfen oder können mich das nicht fragen. Zuerst der Besitz, und dann bleibt das alles folgenlos – das denkt man sich, aber so ist es eben nicht.*

Manche Sachen benutzt man, manche bewundert man, manche lässt man bewundern. Die Erwartungen, die man vor dem Kauf an sie hat, erfüllen sich nachher nicht unbedingt. Der erhoffte und der tatsächliche Gebrauch liegen bei mir oft weit auseinander, und ich wundere mich über Leute, die genau wissen, wie oft sie z. B. ein Kleidungsstück tragen werden, schon bevor sie es gekauft haben. Mir geht das nicht so, ich weiß gewöhnlich nicht, wieviel Vergnügen ich an etwas haben werde und wieviel Gebrauch ich davon machen werde. Manche Dinge haben eine tolle Gebrauchsgeschichte, die sie entfalten und die vorher ganz unabsehbar war; andere Dinge haben eine tolle Nicht-Gebrauch-Geschichte, ein verblüffendes Nichtfunktionieren.

Alles neu

Im Alltag ist das Praktizieren der radikalen Reduktion nicht ganz so einfach, klar und schön. Das Innere von Johnsons Glashaus ist bis heute feucht, weil sich Kondenswasser an den Wänden sammelt. Das Dach war von Beginn an undicht und musste mehrfach saniert werden, ebenso die Installationen, die aufwendig von unten eingebaut werden mussten. Das durchsichtige Haus verbarg ebenso viel wie es zeigte. Aber wie alles, was von genügend Leere umgeben ist, wurde es dadurch zu einem ganz besonderen und ästhetisch maximal intensivierten Objekt – Philipp Johnsons Glashaus bekam 1979 den damals zum ersten Mal vergebenen Pritzker-Preis für Architektur und wurde 1997 zum amerikanischen Nationaldenkmal erklärt.

Eine solche verschärfte Selbstdarstellung hat allerdings ihren Preis. Als der Architekt das erste Mal in seinem Glashaus übernachtete und im Finstern die Lampe anknipste, war er mit einem besonderen Effekt konfrontiert – die Außenwelt des sorgsam gepflegten Gartens und der großen Bäume verschwand. Johnson rief seinen Lebensgefährten im benachbarten Haus an. »Du musst sofort kommen«, sagte er aufgeregt ins Telefon, »ich habe das Licht angedreht und alles, was ich sehe, bin ich, ich, ich!«[94]

Die vielleicht erstaunlichste Eigenschaft des Minimalismus, bemerkt Kyle Chayka in seinem klugen

Buch *Longing for Less*, bestehe in seiner Fähigkeit, sich immer wieder als völlig neu zu präsentieren. Minimalistische Ästhetik muss ihre eigenen Vorläufer ebenso gründlich zum Verschwinden bringen wie die überflüssigen, hässlichen und schädlichen unnützen Dinge der exzessiven Besitzkultur, denen sie den Kampf ansagt. Echte Genügsamkeit muss von weither kommen, am besten aus zeitlich wie räumlich so exotischen und verlockend fremden Kulturen und historischen Zusammenhängen wie möglich – wiedergewonnen aus einer vermeintlich reineren Vergangenheit, oder von einem anderen, tugendhafteren und ästhetisch überzeugenderen Ende der Welt.

Auch die amerikanische Gegenkultur der 1950er und 1960er Jahre bediente sich bei ihrer Suche nach Modellen für das gute einfache Leben aus einer vermeintlich genügsameren Vergangenheit – dem minimalistischen Repertoire von Gautama Buddha bis Henry David Thoreau. Zuerst machten sich die Designer diese Slogans zu eigen. Gutes Design, verkündete Dieter Rams 1970, sei so wenig Design wie möglich, »less but better«: Ab 1956 war Rams als Architekt und Designer für den deutschen Elektrogerätehersteller Braun tätig. Von dort wanderten die Formeln in den Werkzeugkasten der Spezialisten für Werbung und Marketing. Der Werbeslogan von IKEA 1976 lautete dementsprechend: »Simplicity is beautiful«. Zum Aufstieg der Firma Apple auf dem neuen Markt für Personalcomputer in betont minimalistischem Design passte das mittlerweile ikonisch gewordene Foto des Firmengründers Steve Jobs von 1982, das von der Marketingabteilung des Konzerns verbreitet wurde. Es zeigt ihn als asketischen Kirchenvater des ästhetisch überlegenen Konsums. In seinem großen, angeblich völlig leeren Haus in Kalifornien sind keine Möbel zu sehen, sondern nur er selbst, mit gekreuzten Beinen auf einem Teppich mit Kaffeebecher, Stereoanlage und einer einzigen (aber sehr teuren) Lampe.[95] Da ist es wieder, Adolf Behnes Bild vom glücklichen Leben von 1926 nur mit Bett, Tisch und Grammophon.

Minimalismus kommt in Wellen, die seine Verkünder selbst immer vergessen müssen, um als radikal neu zu erscheinen. Die ersten Bestseller von den Wonnen der freiwilligen Einfachheit und dem dadurch möglichen inneren Reichtum kamen Ende der 1970er Jahre in die Buchhandlungen – Duane Elgins *Voluntary Simplicity: Toward A Way of Life that is Outwardly Simple, Inwardly Rich* von 1977. Zwanzig Jahre später folgte Janet Luhrs *The Simple Living Guide*, 2008 und 2011 die sehr erfolgreichen Blogs von Joshua Becker, »Becoming Minimalist«, Courtney Carvers »Be More With Less« und Joshua Milburns und Ryan Nicodemus' »Minimalism: Live A Meaningful Live«.[96]

Diese Namen sind heute in Europa vergleichsweise wenig bekannt. Sehr viel berühmter ist die Japanerin Marie Kondo, die 2009 einen Kurs »How to write bestsellers that will be loved in ten years« besuchte und 2011 ihr erstes Buch herausbrachte. Es verkaufte sich in Japan mehr als 1,3 Millionen Mal. Die deutsche Übersetzung von 2013 und die amerikanische von 2014 und eine ihr gewidmete Netflix-Serie von 2019 machten Kondo zu einer bekannten Medienfigur – selten ohne den Hinweis, dass ihre Autorin zuvor unter anderem als Assistentin in einem Shinto-Tempel gearbeitet habe. Ihre »Konmari«-Methode verspricht Wahlfreiheit und Erlösung aus dem Kommerz. Die deutsche Ausgabe trägt den Titel *Magic Cleaning*, mit mittlerweile drei Fortsetzungsbänden.[97]

DER RECHTSHISTORIKER:
Sehr viele Leute meines Alters müssen jetzt darüber nachdenken, was sie mit den Dingen und Sammlungen ihrer Eltern machen werden – das ist ein generationeller Wandel. Wir leben in einer relativen Überflussgesellschaft, in der so viele Dinge so niedrig geschätzt und bewertet werden wie noch nie in der Menschheitsgeschichte. Viele der Besitztümer der eigenen Eltern werden den Kindern zur Belastung, dazu kommt der selbstgemachte Vorwurf: »Ich habe nicht die Wertschätzung der Dinge, die von mir erwartet wird.« Noch ein weiterer Schrank, noch eine Waschmaschine, noch ein Porzellanservice? Es ist dann eine große praktische Herausforderung, die Dinge wieder loszuwerden.

Ich kenne ein paar Menschen, die vor ihrem Tod begonnen haben, ihre Dinge wegzugeben. Mein Vater hat Schnecken und Muscheln gesammelt. Als er über 90 war, hat er sie eingepackt und an die Leute zurückgeschickt, die sie ihm verkauft haben, und er wollte auch nichts dafür. Er hatte die Dinge wertgeschätzt, aber er wollte seine eigene Familie nicht damit belasten. Suchen manche Leute vielleicht weniger Dinge als Besitzer für Dinge? Ein Kollege hat mir von dem Paar erzählt, das sein Leben lang begeistert Fossilien gesucht hat. Im hohen Alter sind die mit ihrer Sammlung wieder an die Orte gereist, wo sie ihre Versteinerungen gefunden hatten, und haben sie dort wieder deponiert.

Er strahlt.

Ist das nicht toll?

Magisches Putzen

Es ist ziemlich einfach, sich über Marie Kondo lustig zu machen. Sie ist selbst zur Luxusmarke geworden: Ihre Firma bietet teure Schachteln an, um den eigenen Besitz optimal zu organisieren – bzw. das Beste, Kostbarste und Schönste davon.

Reduktion aufs Allernotwendigste im Namen der Schönheit und das Feiern der Leere gilt allerdings seit sehr langer Zeit als Tugend und erstrebenswertes Ziel der eigenen Vervollkommnung. Es ist auch nichts spezifisch Japanisches, sondern in ganz unterschiedlichen Gruppen und Glaubenssystemen verbreitet, von buddhistischen Mönchen und muslimischen Sufis über die christliche Mystik bis zu betont weltlichen Modernen. Es gebe keine inspirierte und rigorose Askese, schrieb Susan Sontag 1967, die nicht einen Zugewinn statt einer Einschränkung der Fähigkeit zum Vergnügen bewirke. Kürzer fasste das der coole amerikanische Dichter Robert Hass 1984: »Emptiness is strict, that pleases me.«[98]

Diese Erzählfigur ist die asketische Variante der Lehren von den magischen Eigenschaften bestimmter Gegenstände, die uns weiter oben schon beschäftigt haben. Wenn du dich vollständig auf das wenige Schönste und Allerwichtigste konzentrierst, werden dich diese ausgesuchten Gegenstände – aber nur die – unfehlbar reicher, glücklicher und zufriedener machen.

Ganz von selbst ging und geht das allerdings nirgendwo. Überall, wo Verkünder und *performer* dieser radikalen Reduktion erfolgreich waren, konnten sie sich auf wohlhabende Förderer und eben nicht asketische, sondern reiche und mächtige Sponsoren stützen. Für die mittelalterlichen Bettelmönche galt das ebenso wie für die Hindu-Asketen und Sufis an den Mughal-Höfen. Und für die japanischen Zen-Meister auch. »In Wirklichkeit lebte keiner von ihnen in einer ›einfachen Hütte an der Küste‹, von der sie so schwärmten«, hat Donald Ritchie in seinem *Versuch über die japanische*

Ästhetik geschrieben. »Sie besaßen alle ihre luxuriösen Heime auf den Anwesen wohlhabender Kriegsherren, ihrer Patrons.«[99]

Als dominantes ästhetisches Prinzip war dieses betont schlichte japanische Ur-Mittelalter deshalb eine Neuerfindung des 19. Jahrhunderts.[100] Ritchie selbst sah die vermeintlich alte japanische Tradition der eleganten Konzentration aufs Wesentliche wiederum bedroht von der unersättlichen Konsumgesellschaft seiner eigenen Gegenwart. Zusammen mit diesem melancholischen Befund lässt er auch die erste Person Plural wieder auftreten. Die Zeit, schrieb er, »in der es uns nach Schönheit verlangte, in der die Eigenschaften der Schönheit klassifiziert wurden und in der im Japanischen ein Wort für ›Ästhetik‹ nicht notwendig war«, sei unwiderruflich vorbei.[101]

Das ist gut möglich; nur ist eben diese Warnung vor dem endgültigen Verlust der schlichten strengen Einfachheit von früher ein unverzichtbarer Teil ihrer Erfolgsgeschichte. Donald Ritchie kam 1946 als Besatzungssoldat nach Japan und blieb zweieinhalb Jahre. In ihnen lernte er all das japanische Schöne zu würdigen, das er in den folgenden 40 Jahren als Autor und Kulturvermittler zu verlieren fürchtete. Damit befand er sich aber in prominenter Gesellschaft. Auch Bruno Taut hatte die strengen reduzierten Formen der japanischen Architektur als Vorbild gepriesen und – wie zahlreiche andere Väter der eleganten Moderne wie Walter Gropius, Frank Lloyd Wright und Richard Neutra – seiner Sorge beredten Ausdruck verliehen, dass die japanische Schlichtheit und elegante Armut zerstört werden könnte. »Japan muss – für uns – das alte edle Japan bleiben.«[102]

Gefallen mir deswegen die alten japanischen Fotografien und die japanischen Farbholzschnitte so gut und der karge japanische Einrichtungsstil mit Tatamis und leeren weißen Wänden, in dem sie ihre besondere Wirkung am besten entfalten? Vermutlich. Schließlich sind wir etwas ganz Besonderes, wir Minimalisten. Deswegen erkennen wir einander auch so rasch. Alles weiß, skandinavische Designermöbel aus den 1950ern und 60ern, Elektrogeräte von Braun und Computer von Apple, graue T-Shirts aus Biobaumwolle: Minimalismus demonstriert ehrgeizige Bedürfnislosigkeit.

Die Anziehungskraft dieser Reduktion aufs schönste Wesentliche beruht darauf, dass man die damit verbundene, vermeintlich unbegrenzte Autonomie ebenso vorzeigt wie die Wahlmöglichkeiten, die mit der eleganten Leere assoziiert werden. Das ist umso wirkungsvoller, weil die dafür benötigten Kleider, Einrichtungsgegenstände und Immobilien im Normalfall ziemlich teuer sind.[103] Und wie bei Hannes Meyers Formulierung von der selbstgewählten Konzentration als dem Stil der »Halbnomaden des heutigen Wirtschaftslebens« von 1926 passen aufs Notwendigste reduzierte Accessoires ausgezeichnet zu den Coworking Spaces und AirBnB-Apartments des beginnenden 21. Jahrhunderts.[104] Zur damit verbundenen Konkurrenz in Sachen Unverwechselbarkeit passen sie auch. Selbstdarstellung im wenigen Schönsten ist wunderbar kompatibel mit der Werbung für Designobjekte, denen man die demonstrative persönliche Bescheidenheit wie den besonderen Status ihrer Besitzerinnen und Besitzer sofort ansieht, auf einen Blick.

Wunderwaffen

Das Cover des Buchs hatte mir gleich gefallen, als ich es in der Buchhandlung sah: Es zeigt ein leeres Zimmer, ganz in Weiß. Ein weißes Bett, heller Parkettboden, eine Brille, ein Laptop, sonst nichts. *Goodbye, things* des japanischen Autors Fumio Sasaki war 2017 in englischer Übersetzung erschienen. Ich kaufte es mir und fand eine ganze Reihe von Einsichten, die mir sofort einleuchteten. Kaufen sei eigentlich mieten, stand da. Die eigenen Dinge gehörten einem ohnehin nur temporär, am besten also, man gebe sie in gutem Zustand weiter. Auch bei Sasaki ging es um die Verbindungen zwischen den Menschen und den Dingen. Ein Geschenk weggeben heiße, demjenigen weiter dankbar zu sein, von dem man es bekommen habe, aber nicht dem Gegenstand selbst. Wer Schwierigkeiten hat, sich von den Gegenständen Verstorbener zu trennen, solle überlegen, was er selbst nach seinem Tod von Hinterbliebenen an Sorge für seinen eigenen Besitz erwarte. Würde man sie sich nicht frei und glücklich wünschen? Wenn man etwas besitze, das andere ebenfalls in identischer Form haben, könne man es weggeben; denn bei Bedarf werde es einem durch andere wieder zugänglich, dadurch vertiefe sich die Bindung an diese Person.[105]

Und auch für den japanischen Autor waren die Dinge in seinem Haushalt lebendig – und in meinem ebenfalls, wenn ich ihm glauben darf, denn wie die allermeisten Autorinnen und Autoren, die von der Schönheit künden, schreibt auch Sasaki konsequent in der ersten Person Plural. Die Dinge seien nicht nur einfach da, sondern sendeten uns stille Nachrichten. »Sie kommandieren und regieren uns. Sie sind unsere Mitbewohner, nur dass wir ihnen die Miete bezahlen. Sie setzen uns unter Druck.« Wir seien von erfüllten Wünschen umgeben, die uns befriedigt haben, als wir sie gekauft haben, es aber heute nicht mehr tun: Jeder dieser Wünsche sei zu einem alten Ding geworden, das uns langweile, weil er in Erfüllung gegangen sei.[106]

Also weg damit. Sasaki empfiehlt, alles zu fotografieren oder zu scannen, von dem einem der Abschied schwerfalle. Er habe das mit vielen tausenden Gegenständen getan, von seinen alten Fotoapparaten bis zu handschriftlichen Briefen seiner Mutter, von denen er vergessen hatte, dass er sie überhaupt besaß. Erst der digital fixierte Akt des Abschieds, schreibt er, stelle sicher, dass diese Erinnerungen »für immer bei uns bleiben.«[107]

Wahrscheinlich glaubt der freundliche Japaner das alles selbst, denn je weiter man liest, desto entschiedener stößt Sasaki die Tür zum Magischen auf: Zaubern durch Wegwerfen. Durch Minimalismus werde man nicht nur glücklich, sondern auch weniger introvertiert, weiß er – offenbar automatisch, von selbst. Man werde freier und habe mehr Zeit. Man könne sich besser konzentrieren und verbringe weniger Zeit mit Einkaufen. Deshalb lebe man billiger und werde schlank und gutaussehend.[108] Alle Minimalisten, die er bisher persönlich getroffen habe, seien »uniquely individual and pretty cool«, auch wenn sie alle dieselben grauen T-Shirts und beigen Hosen als eine Art persönlicher Uniform nutzten. Es sei wie auf alten europäischen Fotografien, meint er. Auf denen trügen auch alle Porträtierten dieselben Hüte und Anzüge, sähen aber »incredible original« aus.[109] Das sind sie wieder, die alten Fotos. Aber waren meine Großeltern wirklich unglaublich originell?

Sasakis Aufruf zur Reduktion beschwört ein Mehr an Technologie. Die Computer aus Cupertino – bei ihm ist ausschließlich von Apple-Produkten die Rede – werden zu Erlösern, die gleichzeitig einander widersprechende Wünsche zu erfüllen vermögen. *Good bye things* feiert iPhone und iBook als heilsame und allmächtige Apparate des Ausgleichs, der Tröstung und der Transzendenz.

Das Buch könnte genauso gut »good buy things« heißen. Und wieso fällt mir erst jetzt auf, dass auf dem Umschlag im leeren weißen Zimmer außer dem Laptop und der Brille noch eine Geldbörse zu sehen ist?

»We can do anything on our smartphones.« Der arme Fumio Sasaki tut so, als ob er keinen Körper hätte. Auf dem Smartphone kann man aber weder schlafen noch essen, sich lieben oder bewegen. Und Kochen und Tee trinken auch nicht. Sasaki empfiehlt stattdessen, über Social Media zu verlautbaren, dass man den eigenen Besitz halbieren werde und den Vorgang öffentlich zu dokumentieren mit Fotos der weggegebenen Dinge und der sich leerenden Wohnung.[110]

Das Buch bringt damit sein ganzes Genre auf den Punkt. Die minimalistische Reduktion verspricht, die Konsumentenbiographie ihrer Besitzer zu deren Vorteil für immer zu beenden und heizt sie gleichzeitig weiter an. Denn eines wissen wir als Shopper des 21. Jahrhunderts: Je leerer ein Laden in einer belebten Einkaufsstraße aussieht und je geringer die Zahl von Kleidern, Schuhen oder Elektrogeräten, die darin vor minimalistischem makellosem sauberen Weiß oder Hellgrau ausgestellt werden, desto teurer sind diese Waren. Das dürfen sie auch sein, denn sie sind Totems, Essenzen, Schmuckstücke; tugendhafte Materialisierungen der ganz besonders schönen Schönheit.

Echte Wunderwaffen, hat mir ein Historikerkollege einmal gesagt, kommen nie zum Einsatz. Deswegen sind sie ja welche. Minimalistische Reduktion ist so verlockend, weil sie wie eine Fastenkur oder ein Verzicht aufs Internet selbstverständlich nie endgültig ist: Man kann von dort jederzeit zurückkehren in die Welt der überflüssigen Dinge, aber gereinigt und geschmückt mit dem Glamour der eigenen Askese.

Es ist daher nur logisch, das auf Sasakis Cover ein Laptop von Apple prangt. Das Design der Firma ist dominiert vom Bild des schlichten Edlen im gehobenen Preissegment. Das betont minimalistische Erscheinungsbild von Produkten wie Verkaufsräumen der Firma aus Cupertino ist die Simulation einer Reinheit, die Ängste vor den Folgen der Umweltzerstörung ebenso beruhigen soll wie die berechtigte Befürchtung, sie mit dem eigenen Kauf noch weiter zu beschleunigen.

Apples elegante Leere suggeriert eine Reduktion aufs vermeintlich Wesentliche und macht die gewaltigen Fabriken, Serverfarmen und Unterseekabel unsichtbar, auf denen das Funktionieren dieser (und aller übrigen) Computer als allwissender und extrem praktischer Arbeits- und Unterhaltungsmaschinen beruht. »Marketing pitch« nennt das Kyle Chayka in seinem Minimalismus-Buch, ein interessanter Ausdruck.[111] Denn *pitch*, wörtlich: Teer, ist jene schwarze, zähflüssige und stark riechende Substanz der industriellen Moderne, an der man unwiderruflich kleben bleibt, ob man möchte oder nicht.

Der Lockstoff sind die Simulationen des Schönen,

also bewegte Bilder: Je beweglicher, strahlender und gewichts- und körperloser, desto besser. Auch dieses Prinzip kommt aus der Vergangenheit und ist nur wenig jünger als die Firma Apple selbst. Der kanadische Science Fiction-Autor William Gibson hat es in den 1990ern in einer Trilogie von Science Fiction-Romanen beschrieben: *Idoru* – die weibliche Figuration, die im Betrachter reines Begehren und Glück auslöst. Eine elektronisch erzeugte dreidimensionale Erscheinung im Dienst einer sehr mächtigen multinationalen Firma, makellos schön, weiblich und – das wird bei Gibson besonders hervorgehoben – asiatischer Herkunft. Sie ist dafür programmiert, dass alle, die sie sehen, sich sofort in sie verlieben: körperlos, aber physisch anziehend. »She had simply continued to emerge, to be *more*. More present. Some actual and initially painful opening of one's heart.«[112] Gibsons Wortschöpfung – eigentlich: *aidoru* – stammt zwar aus dem Japanischen, ist aber die nur leicht überformte Übernahme eines ehrwürdig alten Begriffs. Er kommt aus der christlichen mittelalterlichen Theologie. Dort bezeichnet er jenes menschengemachte Objekt, das seine Betrachter zu täuschen, verzaubern und faszinieren vermag: das Idol. Strahlende schöne Schlichtheit ist die Wunderwaffe der Werbung.

Die Konsumgesellschaft der Gegenwart hat von der gelehrten Magie des späten Mittelalters das Versprechen übernommen, dass ich mich durch den Erwerb des richtigen und wirkungsstarken Gegenstands in jene verbesserte Version meiner Selbst verwandeln könne, die ich mir wünsche, die mir aber ohne dieses Accessoire – Talisman, Amulett, magischer Ring – unerreichbar bleiben wird. Solche wirkungsmächtigen Gegenstände, die das eigene Leben erleichtern, gibt es natürlich wirklich. Die wenigsten Leute befrachten allerdings ihre Wohnungs- oder Autoschlüssel mit Konzepten magischer Handlungsmacht. Dafür aber private Glücksbringer, von Hautcremes, Parfums und Kleidern, wenn sie teuer genug sind, bis zu Kunstwerken. Und natürlich das eigene Mobiltelefon, den vermeintlich allmächtigen Verwandlungsgegenstand.

Es ist eine vertrackte Sache mit dem schönen Ding. Ich will es haben, weil es so besonders ist. Ich will es benutzen, weil es mich mit Stolz erfüllt und weil es auf schwer bestimmbare Weise mich selbst enthält, aber nur mein Bestes und Eigentliches (oder das, was ich dafür halte). Und gleichzeitig bin ich von ihm abhängig. »Ah, so ist das mit dem Telefon«, sagte der Maler Edgar Degas 1894, als ein Freund die aufregende technische Neuerung installiert hatte und arrangiert, während eines Abendessens mit Degas als Ehrengast angerufen zu werden, um es ihm vorzuführen. »Es ruft Dich, und Du kommst sofort gelaufen.«

Seither ist jeder der Hund des eigenen Telefons. Und der Autor dieses Buches sowieso.

6 Eigensinnige Gegenstände

> Es gibt ihn, den immateriellen Raum, das Ungefüllte, Leere. Andernfalls könnte sich kein Ding irgend bewegen.
> (Lucretius, *De rerum natura*, 1. Jahrhundert v. Chr.)

Meine eigene Wohnung ist weiß. Sehr weiß. Eine spöttische Freundin hat sie einmal das weiße Schloss genannt, als Witz, weil es in Luzern ein Restaurant gleichen Namens gibt, in dem wir gelegentlich essen. Aber sie hat recht: Jedes Schloss (wenn es kein Restaurant ist) ist ein Verschluss, denn da kommt nur das hinein, was passt, das Unerwünschte bleibt draußen. Schloss ist Abschluss: Da geht's zum Schluss hin, die meisten Prinzen- und Prinzessinnenmärchen enden dort, und deswegen heißt es ja auch so.

Meine Wohnung ist so weiß, weil ich für diese Organisation maximaler Helligkeit ziemlich viel Arbeit aufwende. Ich putze selber, ich weiß also, wovon ich rede: Weiß, habe ich beim Staubwischen, Saubermachen, Streichen, Nachbessern und Nachbessern des Nachgebesserten gelernt, ist eigentlich nie weiß genug.

»Dirty White Cube« wäre eigentlich dafür eine treffende Bezeichnung. Denn Leere, die ganz weiße, reine, hochelegante minimalistische Leere, ist auf Dauer unmöglich. Im Alltag füllt sie sich automatisch mit dem wandernden Kleinkram, und wenn man mit Kindern unter 10 Jahren darin wohnt, dann sorgen sie mit Unternehmungslust und Farbstiften dafür, dass die leeren weißen Flächen nie lange weiß und leer bleiben. Diese Untauglichkeit in der Praxis macht das leere weiße Schloss natürlich noch anziehender.

Leere ist unmöglich. Sie kann immer nur an begrenzten Orten und für begrenzte Zeiträume hergestellt werden. Sich selbst überlassen, löst sich die Leere an belebten Orten sofort auf. Mit Fülle und Durcheinander ist das anders, die sind dauerhafter. Das eigene Leben ist im Alltag ziemlich resistent gegen Versuche, es radikal zu vereinfachen und dauerhaft zu ordnen, jedenfalls bei mir. Dafür erzeugt es immer neue Mischungsverhältnisse.

Akkumulatoren

»Der Alltag«, hat der amerikanische Texter und Zeichner Edward Gorey geschrieben, »ist gleichzeitig langweilig und gefährlich. Jeden Moment kann sich der Boden unter deinen Füssen öffnen. Natürlich tut er das fast nie, und das macht es so langweilig.«

Gorey war ein manischer Sammler. Über die Objekte seiner entfesselten Aufbewahrung hat er gesagt, jedes von ihnen sei ein Apparat, der Energie aufnehme, speichere und wieder abgebe, wenn man sie brauche. Deswegen hat er von sich selber nie als Sammler gesprochen, sondern als »Akkumulator«.[113]

Die Sache mit der gespeicherten Energie finde ich einleuchtend. Ich horte. In meinen Schubladen häufe ich wie ein manisches Eichhörnchen immer wieder Vorratsnester derselben Dinge an als Akkumulationen von schönem Leben und guter Praxis, eine Art psychische Batterien. Nachdem ich meinen ersten *komboloi* verloren hatte, hatte ich mir gleich einen neuen gekauft; aber ich habe mittlerweile noch einen dritten in der Schublade, eigentlich ist er noch schöner. Das Beste hebe ich immer auf, für irgendwann später. Das schönste Notizbuch, das beste Hemd, die schönsten Weingläser, für später, für den richtigen Moment mit der richtigen Person, bei der richtigen Gelegenheit, immer in der Zukunft, und wenn sie dann eintritt, ist sie dann wirklich außergewöhnlich genug? Wenn ich verliebt bin, hole ich das Beste und Schönste gleich heraus, wenigstens in der überschwänglichen Anfangsphase. Dann kehre ich in den Aufsparmodus zurück.

Jedes schöne Ding ist eine Zwickmühle. Es ist ein Gegenstand, der nicht verloren gehen oder mutwillig beschädigt werden darf; ein Ding also, dem ich etwas schuldig bin, nämlich Sorge. Die wirksamste Patina ist die von anderen, den Vorbesitzern: Wenn ich das Ding gebrauche, geht es davon leider oft ziemlich rasch kaputt. Das ist das Lieblingspulloverparadox: Was ich habe, verwandelt sich dadurch, dass ich es gebrauche, verliert seine Perfektion und hört auf, begehrenswert und anziehend zu sein. Wenn ich das schöne Ding aber nicht gebrauche, habe ich es eigentlich nicht: Denn in der Schublade verblasst, vergilbt und verstaubt es.

Die Erinnerungs- und Glücksdinge aber sind animiert. Es sind materielle Überreste von meinen eigenen Zuständen in der Vergangenheit, die sie unsichtbar an sich tragen, und deswegen kann ich sie nicht wegwerfen. Neben Taschenmessern und *kombolois* liegt in meiner Schublade ein unscheinbares Stück beschichteten hellblauen Papiers, entwertet am 4. August 2015 um 17 Uhr 44. An dieser U-Bahn-Fahrkarte der Athener Verkehrsbetriebe hängen die pulsierende trockene Hitze dieses Tages und die leeren Straßen unter dem leuchtenden Abendhimmel. Und die Parks voller campierender syrischer Flüchtlinge mit ihren Kindern, denen die Einheimischen damals Wasserflaschen und Essen brachten. Das weiß aber nur ich, niemand sonst, und ich würde die Fahrkarte deswegen auch nicht als Schatz bezeichnen und auch nicht als Souvenir, sondern als sprechendes Ding: Eines von vielen in meiner Schublade, die meiner Tochter irgendwann später vermutlich genau so rätselhaft sein werden wie mir die aus den Schachteln meines Vaters.

Und dann gibt es noch eine weitere Art von Dingen. Es sind solche, die besondere Vergnügen erzeugen können. Ein Ding ist begehrenswert, weil es die Grenzen zwischen dem festen Gegenstand in der Außenwelt und mir und meinem eigenen Körper eigenartig durchlässig macht, durch Überraschung und auf vorher unbekannte Weise. Der Seidenstoff, der rauh und extrem glatt zugleich ist. Die Oberfläche des gusseisernen Topfs. Die besondere Glätte des frisch geschliffenen Küchenmessers. Das dünn gewordene Seifenstück, auf das neue, dickere gedrückt, verschmilzt durch Benutzung mit ihm. Seine Oberfläche erinnert an einen vom Meer glattgeschliffenen Kiesel, nur mit feinen rauhen Längsrissen und schmeichelnd-weich.

Sommer 2021, Zürich, Ecke Weststraße/Zweierstraße: Da stand das atemberaubend schöne Ding. Eine hellgraue Lambretta 125 CS, fabelhaft restauriert. Sie muss eigentlich so alt sein wie ich, dachte ich und überschlug das im Kopf, oder älter, sieht aber aus wie neu. (Im Gegensatz zu mir.) Blitzende minimalistische Armaturen. Zwei Sitze, gleichzeitig füllig und elegant. Will ich haben, dachte ich, sofort, jetzt gleich. Das schöne Ding sagt: Ich bin ein Versprechen auf etwas, das du immer schon haben wolltest. Du wusstest es nur nicht. Dann fielen mir die Fotos aus den Schachteln meines Vaters ein, er stolz auf seiner Horex. Und ich dachte an den Krach, den der Zweitakter machen würde, und den scharf riechenden blauen Rauch beim

Anlassen. Vielleicht doch lieber einen Nachbau, mit Elektroantrieb?

Nein, mein Rennrad ist besser.

Die Dinge der Toten

Jedes Ding in unseren Schubladen und an unseren Wänden, das älter ist als dreißig oder fünfzig Jahre, verbindet uns mit den Toten. Im häufigsten Fall sind das die eigenen Eltern oder Großeltern. »Meine Mutter«, schreibt Susannah Walker in ihrem ziemlich unheimlichen Erfahrungsbericht über die Berge von Dingen, die sie nach dem Tod ihrer Mutter plötzlich entsorgen muss, »bewahrte all diese Erinnerungen auf, weil sie sich von ihrem Schmerz nicht verabschieden wollte. Sie wollte nicht ohne Andenken an ihre Erfahrungen bleiben.« Diese Angst vor dem Verlust des Verlusts ist aber offensichtlich ansteckend, denn plötzlich füllt sich Walkers eigene Wohnung mit Gegenständen, die sie doch entsorgen wollte und für die sie sich plötzlich verantwortlich fühlt. »Hätte ich das Porzellanservice verkauft, wäre ein Teil der Seele meiner Mutter mit ihm verschwunden, doch solange ich es behielt, lebte etwas von ihr in meiner Nähe weiter.«[114]

Vermutlich kennt jeder, der die Hinterlassenschaft der eigenen Eltern ordnen musste, ähnliche starke

Affekte. Es sind widersprüchliche Empfindungen, denn im Umgang mit Fotografien oder Erbstücken aus der eigenen Familie mischen sich Gefühle von unbedingtem Haben-Wollen mit Befremdung, feinem Ekel – Kleider haben in dieser Hinsicht besonders starke Wirkungen – und Abwehr. Die ist leicht nachvollziehbar. In den Dingen stecken nicht nur schwer beschreibbare Schatten oder Echos der verschwundenen körperlichen Präsenz der Personen, denen sie einmal gehört haben, sondern auch ziemlich handfeste Pflichten für diejenigen, die sich ihnen nachher gegenübersehen.

Kostbare Erstausgaben, fragile alte Bilder und Möbel, Schmuckstücke: Die Konflikte zwischen den möglichen neuen Besitzern darum, wer welches Stück ab jetzt sein eigen nennen darf, werden gewöhnlich ungehemmt im Namen dieser Toten geführt, denn ihre ehemaligen Besitztümer stellen mit ihrem Immer-noch-da-Sein eine sehr grundsätzliche Frage: Was schuldet man den Toten? Ist man dazu verpflichtet, ihre schönen Dinge – oder wenigstens die allerschönsten von ihnen – weiter aufzuheben und zu bewahren?

Da ist es wieder, das Reden über den richtigen Umgang mit Dingen als Moral. Es erzeugt ein ganzes Bündel von Handlungsanweisungen. Die sind in sich widersprüchlich, aber mich darauf zu berufen verspricht mir Kontrolle – wenigstens in meiner Vorstellung – über meine eigenen Handlungen ebenso wie über die der anderen. Oder zwingt es sie mir auf?

Walkers Buch endet damit, dass sie die zwei Silbergegenstände aus dem Besitz ihrer Mutter, in denen eine besonders traurige Geschichte steckt, einer befreundeten Goldschmiedin gibt, die daraus ein neues Schmuckstück für sie selbst anfertigt. »Indem ich sie weggab, hatte ich den Bann gebrochen, der ihnen so viel Macht verliehen hatte.« Das Ergebnis fällt aber dann sehr anders aus als erwartet. »Ob das Metall sich in eine Rüstung oder in ein magisches Amulett verwandelt hatte, konnte ich nicht sagen… Ich konnte seine Präsenz ständig spüren. So fühlte sich das Gewicht der ererbten Geschichte also an, und ich fing an zu zweifeln, ob es gut war, ständig so viel davon mit mir herumzutragen.«[115]

Der Unterschied zwischen der Welt der Lebenden und der Welt der Toten, lautet ein häufig benutztes Zitat aus der klassischen chinesischen Literatur, sei »nur ein Blatt Papier«. Weil die Chinesen überzeugt waren, dass die Welt der Toten so anstrengend sei wie das Diesseits der Lebendigen, brauchten Verstorbene dort nützliche Dinge zur Unterstützung; sonst würden sie als vernachlässigte hungrige Geister im Jenseits darben und Unglück über ihre lebendigen Nachkommen bringen. Diese Gaben an die Toten wurden aus Papier hergestellt, die dann zum Totenfest verbrannt werden; im alten China ein jahrhundertelang praktiziertes Ritual.

Mit dem Siegeszug der Konsumgesellschaft in der Volksrepublik in den letzten zwanzig Jahren wird es wieder praktiziert. Die papiernen Gaben an die Toten sind heute die Dinge, die auch die Lebenden hoch schätzen: Bargeld, Flugtickets, Repliken von Reiskochern, Fernsehapparaten und Kühlschränken. Noch häufiger nehmen die Simulakra, die durch Verbrennung an ihre Empfänger ins Jenseits geschickt werden, die Form von schicken neuen Kleidern, Schuhen und Computern teurer Marken an. Der Ethnologe Fred Blake, der diesem Brauch eine große Studie gewidmet hat, findet es ebenso witzig wie logisch, dass die beliebtesten Geschenke an die Toten Smartphones sind, nur eben aus Papier: eben jene »superstition machines«, mit denen ihre Besitzer ihr bevorzugtes Bild von sich selbst aufrechtzuerhalten versuchen.[116]

In der Erklärung, den Toten nichts schuldig zu sein und sich nur um Lebende zu kümmern, steckt ein großes Versprechen auf persönliche Befreiung. Und Befreiung macht ja erst einmal Angst. »Ich muss diese Aufgabe nicht erfüllen? Und ich werde nicht dafür bestraft?« Nein, wird man nicht. Außer dass man von diesem Moment an selbst verantwortlich ist. Denn das tun die Toten: Sie nehmen mir Verantwortung ab. Sie waren es, nicht ich. Also nicht alles aufheben von den Toten, sondern nur das, was einem selber Freude macht.

Eigentlich würde ich auch gerne teure Konsumgüter in Form von Kopien aus Papiermaché abfackeln – nicht für mich, sondern für die Toten. Muss unendlich erleichternd sein. Sollen die das doch genießen, denen ohnehin nichts mehr wehtut, und ich kann mich um meinen eigenen endlichen irdischen Kram kümmern. Die Produzenten teurer globaler Luxusmarken machen übrigens in der Welt der Lebenden nach Ende der jeweils aktuellen Saison genau dasselbe – nicht nur in Asien, sondern weltweit: Die alten Kollektionen werden verbrannt, damit sie nicht als *degriffé* weiterverkauft werden können. Und der Zauber wirkt: Das hält die Preise hoch.[117]

Mülltrennung

DER KUNSTHISTORIKER:
Ich habe keine besonders bedeutsamen Dinge, weil ich gerade umgezogen bin und ausgeräumt habe. Aber das akkumuliert sich, weil die Dinge Reste von anderen Personen sind, die sie einem geschenkt haben oder dagelassen. Diese aufgeladenen Dinge stehen für vermeintliches Leben, sie sind Simulakra, Surrogate. Ich habe vor dem Umzug die Dinge, die ich nicht mehr wollte, zum städtischen Abfallhof gebracht, in drei Fuhren mit dem Auto, das war auch ein großer Befreiungsakt, ein sehr gutes Gefühl. Da steht einer am Eingang, der Wärter, und der hat mich empfangen wie der gütige Wächter am Höllentor, ich hatte das Gefühl, dass ich dem alles erzählen und bringen kann und es ist in guten Händen. Dinge wegwerfen ist existenziell, es

ist so eine Art Häutung: die Dinge im eigenen Haushalt umgeben einen ja auch wie eine Art zweite Haut.

Und da stand auch ich, mit drei großen Kartons in jener besonderen Zone vorstädtischer Heimeligkeit, die man in der Schweiz »Agglomeration« nennt: Autobahnauffahrten, Gebrauchtwagenhändler, Abholmärkte, Autobahnabfahrten. Große, etwas düstere Hallen mit eigener Einfahrt und verschiedenen Containern. An ihnen standen Männer in blau-schwarzen Overalls und Handschuhen, ihr Atem dampfte, weil es kalt war, und vom Parkplatz kamen Leute wie ich und trugen die schweren Schachteln mit den Utensilien des guten Lebens von vorgestern herbei und verteilten sie in die Container. Haushaltsgeräte elektronisch hierher, Leuchtstoffröhren bitte dort, Unterhaltungselektronik bitte da, die Männer in Blau-schwarz gaben kurze Anweisungen, irgendetwas zwischen autoritär und fürsorglich, sie waren sozusagen die Parkwächter der Abfallwirtschaft. Eine Registrierkasse – leicht erhöht, wie in altmodischen italienischen Restaurants – gab es auch, denn für manche Arten Müll muss man zahlen.

Das Eindrucksvollste war die Stimmung: Heiterkeit. Die blau-schwarzen Jungs waren eher ernst, schließlich sind sie Respektspersonen, aber die Leute mit den Schachteln waren alle extrem gut drauf, und mit jedem leeren Karton mehr. Wir lächelten einander zu, und eher muffig aussehende ältere Schweizer wie ich strahlten übers ganze Gesicht, als wir fertig waren, und wünschten einander zum Abschied einen ganz schönen Tag. Wenn ich die Stimmung mit der in Möbelhäusern vergleiche (stumme Paare beim Probesitzen auf Sofas, die einander nach Zeichen von Enthusiasmus absuchen) oder im Elektronikmarkt (gereizte Väter und quengelige Halbwüchsige auf der Jagd nach Sonderangeboten), wird eines unübersehbar: Das Zeug zu kaufen macht bedrückt und traurig. Es wieder loswerden, nachdem es lange genug im Keller oder sonstwo gelegen hat, als stummer Vorwurf oder toter Briefkasten der Wünsche, macht einen offensichtlich leicht und heiter.

Sternschnuppen

Meine Damen und Herren, willkommen in der Zeit. Zeit ist wie Meerwasser, eine durchsichtige strömende Flüssigkeit mit diskreten Eigenschaften. Es ist ein Agens, das in sie vollständig eingetauchte Dinge – zuerst die Maschinen, dann die Körper, dann alles andere – zuerst ausschaltet und dann langsam auflöst. Sie und ich schwimmen darin, kleine Seitwärtsbewegung durch selbsterzeugte Strömungen sind möglich. Ob es in diesem salzigen Strom Ungeheuer gibt, ist unklar, aber er fließt in eine Richtung, und eigentlich fallen wir dauernd nach vorne in diesem unwiderstehlichen warmen Sog, gewöhnlich mit beschlagenen Brillen und bei schlechter Sicht. Und, großer Unterschied zum Meer: Es gibt kein festes Land, auf das wir zurück könnten.

Cesare Ripa hat in seiner *Iconologia* 1593 vorgeschlagen, die Zeit als alten Mann darzustellen. Man solle ihm Flügel geben, weil die Zeit davonfliege, und die Früchte der Erde, für die Jahreszeiten. Dieser alte Mann, so Ripa weiter, trage einen Spiegel, weil nur die Gegenwart sichtbar sei, aber so trügerisch – *falsa* – wie ein Spiegelbild. Zu seinen Füssen betrachten zwei *putti* einen zweiten Spiegel, sie stellen Vergangenheit und Zukunft dar – beide also, wenn man Cesare Ripas Logik folgt, genau so wenig wirklich wie die Gegenwart.[118]

Die Entscheidung, alles um einen herum auszulöschen und in dieser reinen Leere neu zu beginnen, nur von Dingen umgeben, die man selbst ausgesucht hat, ist die Standardpraxis des Minimalismus – eine Fantasie vollständiger Kontrolle über das eigene Handeln. Überraschungen kommen darin nicht vor. Blöderweise ist der Neubeginn, den der Minimalismus verspricht, eine Illusion. Das Feiern der eleganten Leere und die Ermutigung, so viele der eigenen Gegenstände wie möglich loszuwerden, um dann neue zu kaufen, ist keine Rückkehr zu tugendhaften alten Werten, sondern ein Marketingtrick angesichts gesättigter Nachfrage. Reduzieren erzeugt außerdem eine schwere Leere, die zur selbstauferlegten Pflicht wird.

Leichtigkeit wird nicht durch Wegwerfen erzeugt, sondern durch die Kombination mit unerwartetem Neuen, und durch das Akzeptieren von Zufall und Unplanbarkeit. Schönheit ist dann nicht etwas, was man arrangiert hat, sondern das Ergebnis der Abwesenheit von Kontrolle.

»Die wirklich nützlichen Dinge sind normalerweise auch schön«, hat jemand gesagt, der genügend Zeit hatte, darüber nachzudenken, nämlich der damals 85jährige Fotograf Alvin Langdon Coburn in einem Interview 1965, »selbst die Gerätschaften des täglichen Lebens sind es.«[119] Blöderweise ist diese Schönheit die meiste Zeit über nicht wirklich gut sichtbar. Bis ihre Träger verschwunden sind. Diese besondere Schönheit steckt vorher in banalen Wassergläsern oder Küchenstühlen, in zufällig Liegengelassenem in Dachböden oder Vorgärten. Sie steckt in dem Zeug, das die Kinder auf dem Fußboden ausgestreut haben und das im Licht eines Sommerabends plötzlich zu glitzern und zu strahlen beginnt, weil mir plötzlich aufgeht, dass das alles bezaubernd und unendlich fragil ist und dieser Moment gleich unwiderruflich vorbei.

All diese intensive, leuchtende Schönheit wird erst im Nachhinein sichtbar werden. Deswegen der Zauber alter Fotografien. Ich kann nicht mehr an den Ort, an dem es so bezaubernd schön war. Ich muss dort aber auch nicht aufräumen. Perfektion und Idylle empfinde ich dort am stärksten, wo sie gar nicht stattgefunden haben können, nämlich im Hinterher jener eigenen Gegenwart, in der ich sie empfunden habe – in einem heißen und staubigen Park an einem Sommerabend in Athen, zum Beispiel. Die Empfindung dieses Schönen sagt mir gleichzeitig: Das war's, futsch. So geht empirische Ästhetik.[120]

Als Fern- und Nachbild steht einem der schöne Alltag problemlos zur Verfügung. In der Gegenwart bewohnen kann man ihn allerdings nur für sehr kurze Momente; und die lassen sich nicht festhalten. Denn Freude kann ich nicht aufbewahren, ebensowenig wie Lust, Glück und Verzückung. Nur ihre Überreste, im besten Fall, ihre Abbilder als Schnappschüsse und digitale *eidola*, die leeren, getrockneten Hüllen.

Einzigartig ist beinahe jeder Gegenstand von früher und jedes alte Foto in dem Sinn, dass es Informationen vermittelt, die es in dieser Spezifizität nirgendwo sonst gibt: So wie jeder abgeschliffene Kiesel am Strand einzigartig ist, wenn man ihn genau betrachtet, und wie kein anderer seiner zahllosen Nachbarn – wenn auch unterschiedlich schön. Es gibt unglaublich schöne, ästhetisch perfekte Kiesel. Kostbar im üblichen Sinn macht den Kiesel diese Einzigartigkeit, Authentizität und Schönheit allerdings nicht. Das kennen wir schon von den alten Fotos.

Denn es sind ja offensichtlich genug schöne Dinge da, versichern mir meine Interviewpartner, und in meinen Schubladen ist das genau so: Genug Teetassen, genug alte Fotos und Taschenmesser, mehr als genug schöne Kiesel von den Stränden und vielleicht auch genug Zeit, weil man die sowieso nicht aufheben kann. *Abbondanza* heißt das Zauberwort, das einen beruhigt und die Welt breiter macht, während man es ausspricht. Es hilft auch gegen das manische Mangel- und Rettungstheater und die immer etwas verbissen vorgetragene Überzeugung, dass es zu wenig Schönheit und Intensität gäbe, und das Einzigartige, Knappe, Bedrohte gehe unwiderruflich kaputt. Auch das weit verbreitete Fuchteln mit dem Echten und dem Reinen beruht auf diesem irren Phantasma von Verlust. Es erzeugt Schönheitshektik – einen *overload* an Versprechungen, und man wird es nicht schaffen, sich das alles anzusehen. Das richtige Schöne erkennt man dagegen daran, dass bei seinem Auftauchen einem sofort alles andere egal ist und man plötzlich genug Zeit hat.

»Schau, so schön!« Die spektakuläre Sternschnuppe, bei deren unerwarteten Anblick wir den Atem anhalten und uns etwas wünschen, ist ein Ergebnis der Hell-Dunkel-Relationen. In Wirklichkeit kommen die Perseiden jährlich wieder, und an strahlenden Sommertagen Mitte August verglühen sie dauernd über uns, nur sehen wir sie nicht, geblendet vom Licht. Deswegen darf man sich auch die ganze Zeit etwas wünschen. Schönheit ist gleichzeitig schnell und vergänglich *und* dauernd anwesend. Sie wird aber immer erst im Nachhinein sichtbar.

Die stärkste Empfindung von Schönheit, sagt meine Wiener Freundin, als ich ihr von den Interviews erzähle, scheine darauf zu beruhen, dass man auf Vollständigkeit verzichte. Gib es verloren; und es kommt entweder von selbst zurück, oder wird durch etwas neues Schönes ersetzt, von dem ich jetzt noch nichts weiß. Das ist natürlich eine Konsumfantasie. Aber Konsum ohne phantasmatisches Versprechen auf Selbstveränderung macht gar keinen Spaß und wird endgültig zur staatsbürgerlichen Pflicht.

Sammeln, Aufheben und Akkumulieren sind vermutlich deshalb so verlockend, weil man sich damit eine unerfüllbar große Pflicht auflädt – eine unlösbare Aufgabe, die man nie wird abschließen können. Sogar der Wunsch nach Reparatur und Wiedergutmachung ist noch Begehren, also Klebstoff, Mangel und Sog: Deswegen fühlt sich die Befreiung daraus so gut an.

Und was macht man damit? Gar nichts. So ist Befreiung, von hinten gesehen. Sie steckt im Vergessen, in der abgewickelten Intimität. Und das begehrte Objekt löst sich auf.

Anmerkungen

1 Dominik Schrage, *Die Verfügbarkeit der Dinge. Eine historische Soziologie des Konsums*, Frankfurt a. M. 2009, S. 43–50; Frank Trentmann, *Herrschaft der Dinge. Die Geschichte des Konsums vom 15. Jahrhundert bis heute*, München 2017 (engl. Original: *Empire of Things*, London 2016), S. 13.

2 Evelyn Welch, *Shopping in the Renaissance: Consumer Cultures in Italy 1400–1600*, New Haven/London 2005; Trentmann, *Herrschaft*, S. 38–40.

3 Trentmann, *Herrschaft*, S. 582, 397, 380; zu John Kenneth Galbraiths »Überflussgesellschaft« von 1958 und deren paradoxer Wirkungsgeschichte ebd., S. 364 und 404 f. »Das Bild einer nüchternen und genügsameren Vergangenheit« bilanziert Trentmann, »hat mit der Wirklichkeit nichts zu tun« – S. 579 und 833.

4 Peter Schneider, Rosa Schamal, Manuel Süess, *Altar*, Zürich 2018, S. 11 und 14; Elizabeth Hardwick, *Schlaflose Nächte*, Zürich 2021, S. 186 (amerik. Original: *Sleepless Nights*, New York 1979); vgl. Sherry Turkle (Hg.), *Evocative Objects: Things We Live With*, Cambridge/MA 2007.

5 https://theburninghouse.com/post/, aufgerufen am 25. März 2022.

6 Alfred Gell, *Art as Agency*, Oxford 1998, S. 18 f.; eine besonders prägnante Fallgeschichte erzählt Susannah Walker, *Was bleibt. Über die Dinge, die wir zurücklassen*, Zürich 2018, S. 20 f., 231, 241, 246, 362 f. (engl. Original: *The Stuff of Life*, New York 2018).

7 Siehe etwa die Beiträge in Elizabeth Shove, Frank Trentmann und Richard Wilk (Hg.), *Time, Consumption and Everyday Life*,

Oxford 2009; Jonathan Lamb, »The Crying of Lost Things«, in: *English Literary History* 71 (2004), S. 949–967; zur besonderen Wirkung von Dingen als Ensembles und ihrer Signalfunktion Trentmann, *Herrschaft*, S. 49 und 513, zu ihrer »Beseelung« in einer vermeintlich säkularisierten Moderne ebd., S. 519 f., 816 und 833.

8 Tristan Garcia, *Das intensive Leben: eine moderne Obsession*, Frankfurt a. M. 2017, S. 78.

9 Emanuele Coccia, *Sinnenleben*, München 2020, S. 10 und 124 f.

10 Andrea Roedig, *Schluss mit dem Sex*, Wien 2019, S. 43 und 45.

11 Gespräch mit Lois Hechenblaikner, 7. November 2021.

12 https://www.goya.in/blog/saaya-amp-the-rituals-of-tamil-muslim-milk-tea, aufgerufen am 18. Dezember 2022.

13 Robert Finlay, *The Pilgrim Art. Cultures of Porcelain in World History*, Berkeley 2010.

14 Markman Ellis, Richard Colton und Matthew Mauger, *Empire of Tea*, London 2015.

15 Andreas Gehrlach, *Das verschachtelte Ich. Individualräume des Eigentums*, Berlin 2020, S. 12.

16 Ebd. S. 62 und 67.

17 Ebd., S. 79. Ulrich Eggers, *Gemeinschaft lebenslänglich. Deutsche Hutterer in den USA*, Wuppertal 1985; Wilhelm Brednich, *Die Hutterer. Eine alternative Kultur in der modernen Welt*, Freiburg/Br. 1998.

18 Gehrlach, *Das verschachtelte Ich*, S. 77, 134, 110. Und er ergänzt: »Das Geheimnis will aber nicht nur nicht verraten werden, auf eine Weise *kann* es gar nicht verraten werden«, S. 137.

19 Walker, *Was bleibt*, S. 21 und 362.

20 Richard Kieckhefer, »Rethinking how to Define Magic«, in: Sophie Page und Catherine Rider (Hg.), *The Routledge History of Magic*, Abingdon/New York 2019, S. 16 und 21.

21 Jutta Eming, »Magie und Wunderbares. Aspekte ihrer ästhetischen und epistemischen Konvergenz«, in: Dies. und Volkhard Wels (Hg.), *Der Begriff der Magie in Mittelalter und Früher Neu-*

zeit, Wiesbaden 2020, S. 81 bis 112, mit einem Überblick über die ältere Literatur; Richard Kieckhefer, *Magic in the Middle Ages*, 3. Auflage, Cambridge 2014.

22 Isabelle Draelants, »La science enciclopédique des pierres à 13ème siècle«, in: C. Thomasset u. a. (Hg.), *Aux origines de la géologie de l'Antiquité au Moyen Age*, Paris 2010, S. 91–139; dies. (Hg.), *Le Liber de virtutis herbarum, lapidum et animalium. Un texte à succès attribué à Albert le Grand*, Florenz 2007.

23 David Pingree (Hg.), *Picatrix. The Latin Version of the Ghayat Al-Hakim, Text, Introduction, Appendices*, London 1986; Charles Burnett, »Arabic Magic: The Impetus for translating texts and their reception«, in: Page/Rider, *The Routledge History of Magic*, S. 71–84.

24 Kieckhiefer, *Rethinking*, S. 22 und 23.

25 Alain Boureau, *Le pape et les sorciers. Une consultation de Jean XXII sur la magie en 1320*, Paris 2004; ders., *Satan the Heretic*, Chicago 2006; zu Dante Marco Santagata, *Dante: The Story of His Life*, Cambridge/Mass. 2016. Ganz unbegründet war die Sorge des heiligen Vaters nicht: Seinen Vorgänger Bonifaz VIII., der Rom in eine »cloaca del sangue e del puzzo« – aus Blut und Jauche – verwandelt habe, steckt Dante im »Inferno« kopfüber in jenes stinkende Loch im Kreis der Hölle, das er dort für korrupte Kleriker reserviert hatte.

26 Michael Bailey, »From Sorcery to Witchcraft: Clerical Conceptions of Magic in the Later Middle Ages«, in: *Speculum* 76 (2001), S. 960–990; zu Witelo Maike Van der Lugt, »La peau noire dans la science médiévale«, in: *La Pelle Humana/The Human Skin*, Florenz 2005 (= Micrologus 13), S. 439–475.

27 Antonella Sannino, »From Hermetic Magic to the Magic of Marvels«, in: Page/Rider, *The Routledge History of Magic*, S. 154 f.; P. Lucentini und V. Perrone Compagni, *I testi e i codici di Ermete nel Medioevo*, Florenz 2001, S. 84–89.

28 Sebastià Giralt, »Magic in Romance Languages«, in: Page/Rider, *The Routledge History of Magic*, S. 99–111.

29 Götz Quarg (Hg.), *Bellifortis*, 2 Bde, Düsseldorf 1967 (Bibliothek des Vereins deutscher Ingenieure); Rainer Leng, *Ars belli: Deutsche taktische und kriegstechnische Bilderhandschriften und Traktate im 15. und 16. Jahrhundert*, Wiesbaden 2002, S. 19–21 und 109–149.

30 Charles Burnett, »The Establishment of Medieval Hermeticism«, in: Peter Linehan und Janet Nelson (Hg.), *The Medieval World*, London 2001.

31 Michael R. Best und Frank Brightman (Hg.), *The Book of Secrets of Albertus Magnus. Of the Virtues of Herbs, Stones and Vertain Beast, also a Book of the Marvels of the World*, Oxford 1973, S. 37; David Collins, »Albertus, Magnus or Magus? Magic, Natural Philosophy, and Religious Reform in the Late Middle Ages«, in: *Renaissance Quarterly* 63 (2010), S. 1–44.

32 Sebastià Giralt, »Magic in Romance Languages«, in Page/Rider, *The Routledge History of Magic*, S. 99–11.

33 Ders., »Astrology in the Service of the Crown«, in: *Journal of Medieval History* 44 (2018), S. 104–129.

34 Michael Bailey, *Fearful Spirits, Reasoned Follies: The Boundaries of Superstition in Late Medieval Europe*, Ithaca/London 2013.

35 Kieckhiefer, *Clerical Underworld*; Andrea Berlin, *Magie am Hof der Herzöge von Burgund. Aufstieg und Fall des Grafen von Étampes*, Konstanz 2016.

36 Zitiert nach Pager/Ride, *The Routledge History of Magic*, S. 416; Brian P. Copenhaver, »Scholastic Philosophy and Renaissance Magic in the *De Vita* of Marsilio Ficino«, in: *Renaissance Quarterly* 37 (1984), S. 523–54 (bes. S. 530); Tanja Klemm, »Life from within: Physiology and Talismanic Efficacy in Marsilio Ficino's ›De Vita‹ (1498)«, in: *Representations* 133 (2016), S. 110–129.

37 Brian Copenhaver, *Magic in Western Culture*, Cambridge 2015, S. 38–41 und 231–261, hier zitiert nach S. 238.

38 Sanjay Subrahmanyam, »›Um Bom Homem de Tratar‹. Piero Strozzi, a Florentine in Portuguese Asia, 1510–1522«, in: *Journal of European Economic History* 17 (1987), S. 511–526.

39 Angeboten wurde das Bild im Rahmen einer Auktion für »post-war and contemporary art«: Siehe dazu die Überlegungen von Wolfgang Ullrich, *Kunst nach dem Ende ihrer Autonomie*, Berlin 2022, S. 45 f.; weitere Informationen zur Genese und zum Verkauf des Bildes von 2021 liefert der Dokumentarfilm THE LOST LEONARDO von Andreas Koefoed, https://de.wikipedia.org/wiki/The_Lost_Leonardo.

40 Joan Evans, *Magical Jewels of the Middle Ages and the Renaissance*, London 1922; Chantal Conneller, *An Archeology of Materials*, London 2011.

41 Horst Schneider, »Diamanten im Mittelalter«, in: *Das Mittelalter* 21 (2016), S. 332–349, mit einem Überblick über die ältere Literatur.

42 Zu den antiken Gemmen und den asiatischen Edelsteinen in christlichen Kirchenschätzen existiert eine breite Forschungsliteratur, auf deren Wiedergabe ich hier verzichte; ein gut dokumentiertes Fallbeispiel liefern Peter Murray Jones and Lea Olsan, »Middleham Jewel: Ritual, Power and Devotion«, in: *Viator* 31 (2000), S. 249–290. Karen Francis und Mother Philip Kline, »Prehistoric Stone Tools in Medieval Contexts«, in: Richard Hodges u. a. (Hg.), *San Vincenzo Maggiore and its Workshops*, London 2011; Peter Carelli, »Thunder and Lightning, Magical Miracles. Myth of Thunderbolts and the Presence of Stone Age Artifacts in Medieval Deposits«, in: Hans Anderson u. a. (Hg.), *Visions of the Past. Trends and Traditions in Swedish Medieval Archeology*, Stockholm 1997.

43 Georges J. M. Bartelink, »Philacterium«, in: *Mélanges Christine Morrmann. Nouveau recueil offert par ses anciens elèves*, Utrecht/Antwerpen 1973, S. 25–60; Don Skemer, *Binding Words. Textual Amulets in the Middle Ages*, Pennsylvania 2006, S. 11 f. Thomas Ertl, »Francis of Assisi and the Written Word: A Transcultural Comparison of the Veneration and Disposal of Sacred Texts«, in: Michael Brauer (Hg.), *Kulturen des Buches in Spätantike, Mittelalter und Früher Neuzeit*, Heidelberg 2017, S. 139–156.

44 Martin Antoine del Rio, *Disquisitionum magicarum libri sex*, Leuwen 1599/1601; englische Übersetzung: Ders., *Investigations into Magic*, Manchester 2000. Zu Del Rio siehe Skemer, *Binding Words*, S. 6 f., und D. P. Walker, *Spiritual and Demonic Magic from Ficino to Campanella*, Pennsylvania 2000, S. 180–81.

45 Artikel »Tilsam« in: Gudrun Krämer u. a. (Hg.), *Encyclopaedia of Islam*, Leiden/New York 2009; Charles Burnett, »Talismans: Magic as Science? Necromancy among the Seven Liberal Arts«, in: Ders., *Magic and Divination in the Middle Ages*, Aldershot 1996; ders., »Thabit ibn Qurra the Harranian on Talismans and the Spirits of the Planets«, in: *La Coronica* 36 (2007), S. 13–40, und ders., »Astrology, Astronomy and Magic as Motivation for the Scientific Renaissance of the Twelth Century«, in: Angela Vos und Jean Hinson Lall (Hg.), *The Imaginal Cosmos: Astrology, Divination, and the Sacred*, Canterbury 2007, S. 55–61.

46 Venetia Porter, Liana Saif und Emilie Savage-Smith, »Medieval Islamic Amulets, Talismans and Magic«, in: Finbar Barry Flood und Gülru Necipoglu (Hg.), *A Companion to Islamic Art and Architecture*, Bd. 1, Hoboken 2017, S. 521–557.

47 Helga Venzlaff, *Der islamische Rosenkranz*, Stuttgart 1985 (= Abhandlungen für die Kunde des Morgenlandes 157), S. 13, 15, 61.

48 Ebd., S. 17.

49 Anne Winston Allen, *Stories of the Rose. The Making of the Rosary in the Middle Ages*, Pennsylvania 1997, S. 14 f., 114; Thomas Esser, *Zur Archäologie der Paternoster-Schnur*, Fribourg 1898.

50 Allen, *Stories*, S. 116; Gislind Ritz, *Der Rosenkranz*, München 1962.

51 Jakob Sprenger, *In spiritu penses hoc opus*, Augsburg: ohne Drucker, 1476; dann 1477 in Augsburg bei Bäumler; Allen, *Stories*, S. 137.

52 Zu den Titelbildern Allen, *Stories*, S. 137: zu den Wundergeschichten S. 123 f. – die Autorin nennt sie »hard sell marketing«. Drucke in Auswahl: Anonym, *Dis ist unser lyeben frowen rosencrantz und wie er von ersten ist uffkommen*, Speyer: Johannes

und Conrad Hist, 1485; Alanus de Rupe, *Vnser lieben frauen Psalter*, Ulm: Conrad Dinckmut 1483; ders., *Von dem psalter und Rosencrantz unserer lieben Frauen*, Augsburg: Anton Sorg 1492; ders., *Unser lieben Frawen Psalter von den dreien Rosenkrenntzen*, Augsburg: Zeissenmair 1502; Ulrich Pinder, *Des beschlossen Gart des Rosencrantz Marie*, Nürnberg: Pinder 1489–1505; Marcus von Weida, *Der Spiegel hochloblicher Bruderschafft des Rosenkrantz Marie* (1515), hg. von Anthony Van der Lee, Amsterdam 1978.

53 Allen, *Stories*, S. 125–127.

54 Werner Bergmann, »Innovationen im Quadrivium des 10. und 11. Jahrhunderts. Studien zur Einführung von Astrolab und Abakus im lateinischen Mittelalter« (= Sudhoffs Archiv. Zeitschrift für Wissenschaftsgeschichte. Beihefte, Heft 26), Stuttgart 1985; Adam Ries, *Rechnung auff der linihen ... in massen man es pflegt tzu lern in allen rechenschulen gruntlich begriffen anno 1518*, hg. von Stefan Deschauer, München, Institut für Geschichte der Naturwissenschaften 1992.

55 Oliver Pink, »›Outlaws‹ unter sich: der serbophile HC Strache«, in: *Die Presse*, 19. Februar 2008, https://www.diepresse.com/364103/bdquooutlawsldquo-unter-sich-der-serbophile-hc-strache; zuletzt aufgerufen am 24. 11. 2022.

56 Lea T. Olsan, »Charms in Medieval Memory«, in: Jonathan Roper (Hg.), *Charms and Charming in Europe*, Houndsmills, Basingstoke 2004.

57 William Henry Fox Talbot, »Der Zeichenstift der Natur«, in: Wilfried Wiegand (Hg.), *Die Wahrheit der Fotografie*, Frankfurt a. M. 1989, S. 45–98. Diese Metapher taucht auch bei jüngeren Autoren auf. Walter Benjamin beschwor den »magischen Wert« der Fotografie; André Bazin begriff sie als »Wirklichkeitsübertragung vom Ding auf seine Reproduktion.« Peter Geimer, *Die Farben der Vergangenheit*, München 2022, S. 95. Bernd Stiegler, *Bilder der Photographie. Ein Album fotografischer Metaphern*, Frankfurt 2006, z. B. S. 61, 245, 261.

58 Talbot, *Zeichenstift*, S. 62; vgl. Geimer, *Farben der Vergangenheit*, S. 150.

59 Maria Stepanova, *Nach dem Gedächtnis*, Frankfurt a. M. 2018, S. 348 f.

60 Stepanova, *Gedächtnis*, S. 37, 48, 70, 77, 115.

61 Henri Cartier-Bresson, *Biographie eines Blicks. Schweizerisch-französischer Dokumentarfilm von Hugo Bütler*, NZZ Films 2003.

62 Marc Aurel, *Selbstbetrachtungen*, 4:20. Ich zitiere leicht abgewandelt nach der Übersetzung von Gernot Krapinger, Reclam: Ditzingen 2019, S. 45.

63 Joseph Brodsky, *Petersburger Erinnerungen*, München 1998, S. 54.

64 Alain de Botton, *The Architecture of Happiness*, London 2006, S. 23. Alexander Nehamas, *Only A Promise of Happiness: The Place of Beauty in a World of Art*, Princeton 2007.

65 Stendhal, *Über die Liebe*, Zürich 2002, S. 56; ders., »Reise in Italien«, in: ders., *Gesammelte Werke*, Berlin 1964, S. 234.

66 Elaine Scarry, *On Beauty and Being Just*, Cambridge/Mass. 2000, S. 3. Meine Übersetzung, wie auch in den folgenden Zitaten.

67 Ebd., S. 18, 22, 24 f.

68 Ebd., S. 28 und 31.

69 Ebd., S. 57, 69, 78.

70 Ebd., S. 90.

71 Ebd., S. 111, 119.

72 Andy Warhol: »I have never met a person I couldn't call a beauty.« Ders., *The Philosophy of Andy Warhol*, New York 1975, S. 61.

73 »Beauty may be in for a rather long exile«, in: Dave Beech (Hg.): *Beauty (Documents of Contemporary Art)*, London und Cambridge/Mass. 2009, S. 375.

74 Leo Fitzmaurice, »Beauty (A Set of possibilities)«, in: *Garageland issue* 3 (2007) – hier zitiert nach Beech, *Beauty*, S. 225: der letzte Eintrag des Buchs.

75 Wendy Steiner, »Venus in Exile. The Rejection of Beauty in Twentieth-Century Art (2001)«, in: Beech, *Beauty*, S. 46.

76 Simon Fujiwara, Interview: »*We want images to deceive us*«,

Video vom 10. Oktober 2019 unter channel-louisiana.ak/video/simon-fujiwara-we-want-images-to-deceive-us, aufgerufen am 18. Dezember 2022.

77 Dave Hickey, »Enter the Dragon: On the Vernacular of Beauty«, in: Ders., *The Invisible Dragon*, Reprint Chicago 2012, S. 27 f.

78 Jan Van Hove, »De Caravaggio van Antwerpen«, in: *De Standaard*, 23. Februar 2010. Untertitel: »Die St. Pauls-Kirche hat ihr geraubtes Meisterwerk nicht vergessen.«

79 Livia Cardenas, »Spolie Mittelalter. Reale und imaginäre Mittelalterzitate in ästhetischen und kulturellen Kontexten des 18. und 19. Jahrhunderts«, Vortrag auf der Tagung »Mittelalterprojektionen«, Universal Basel, Oktober 2018.

80 Umberto Boccioni, Carlo Carrà und Luigi Russolo, »Technisches Manifest der futuristischen Malerei (1910)«, zitiert nach Wolfgang Schivelbusch, *Das verzehrende Leben der Dinge. Versuch über die Konsumtion*, München 2015.

81 Andrea Roedig, »Es ist Passion, es ist Leiden«, in: Dies., *Schluss mit dem Sex*, Wien 2019, S. 117–128.

82 Günter Bose, *Elementum. Über Typografie, Bücher und Buchstaben*, Göttingen 2020, S. 123.

83 Ottessa Moshfegh, *Eileen*, München 2017, S. 34.

84 Stepanova, *Gedächtnis*, S. 359.

85 Ebd.

86 Anne Dufourmantelle, *Lob des Risikos*, Berlin 2018, S. 268 und 270.

87 Bruno Taut, *Die neue Wohnung*, Leipzig 1924, S. 61; Erna Meyer, *Der neue Hausrat. Ein Wegweiser zu wirtschaftlicher Haushaltsführung*, Stuttgart 1926; Adolf Behne, »Das Zimmer ohne Sorgen. Wie unsere Kinder wohnen werden«, in: *Uhu* 1926, Heft 1 (Oktober), S. 22–35. Ich zitiere nach dem schönen Artikel von Matthias Noell, »Ärmlich, spurenlos, einfach, befreit«, in: Kirsten Wagner, Kirsten und Marie-Christin Kajewski (Hg.), *Architekturen in Fotografie und Film: Modell, Montage, Interieur*, Berlin 2020, S. 170–190.

88 Hannes Meyer, »Die neue Welt«, in: *Das Werk* 13 (1926), S. 205–224, zitiert nach Noell, *Ärmlich*, S. 173.

89 Noell, *Ärmlich*, S. 172 f.

90 Michael Wildt, *Zerborstene Zeit. Deutsche Geschichte 1918 bis 1945*, S. 129–135, mit einem Überblick über die neue Literatur.

91 Gabriele Tergit, »Umzug 1931«, in: Dies., *Reportage*, hg. von Jens Brüning, Frankfurt a. M. 1994, S. 30–32; Noell, *Ärmlich*, S. 170; Walter Benjamin, »Erfahrung und Armut«, in: Ders., *Illuminationen*, Frankfurt a. M. 2006.

92 Kyle Chayka, *Longing for Less*, New York 2020, S. 68 und 61.

93 Chayka, *Longing*, S. 62 und 63.

94 Ebd., S. 67–69.

95 Klassisch dazu Thomas Frank, *The Conquest of Cool. Business Culture, Counterculture and the Rise of Hip Consumerism*, Chicago 1997; Chayka, *Longing*, S. 37, 96, 40 f.

96 Chayka, *Longing*, S. 25, 27, 31.

97 Christian Demand, »Homestories 1: Betreutes Wohnen«, in: *Merkur* 841 (Juni 2019), S. 59–68.

98 Susan Sonntag, »The Aesthetics of Silence«, in: Dies., *A Susan Sontag Reader*, Macmillan 1982; Robert Hass, »Santa Lucia«, in: *Collected Poems*, New York 1984, S. 15.

99 Donald Richie, *Versuch über die japanische Ästhetik*, mit einem Nachwort von Kevin Vennemann, Berlin 2020, S. 64.

100 Christopher W. Kersey, »Impermanence, Futurity, and Loss in Twelth-Century Japan«, in: Beate Fricke und Aden Kumler (Hg.), *Destroyed – Disapeared – Lost – Never Were*, Philadelphia 2022, S. 87–99.

101 Ritchie, *Versuch*, S. 90.

102 Nachwort von Vennemann, in: Ritchie, *Versuch*, S. 94.

103 Chayka, *Longing*, S. 57, 101, 111.

104 Ebd., S. 36 und 39.

105 Fumio Sasaki, *Goodbye, Things. On minimalist living*, New York/London 2017, S. 133, S. 116, 120.

106 Ebd., S. 96, 198, 59.

107 Ebd., S. 94 und 135.

108 Ebd., S. 194, 158, 159, 160, 178 und 214.

109 Ebd., S. 141.

110 Ebd., S. 51 und 122.

111 Chayka, *Longing*, S. 186, S. 43.

112 William Gibson, *All Tomorrow's Partys*, New York 1999, S. 164.

113 Mark Dery, *Born To Be Posthumous: The Eccentric Life and Mysterious Genius of Edward Gorey*, New York 2020.

114 Walker, *Was bleibt*, S. 210 und 231.

115 Ebd., S. 419.

116 C. Fred Blake, *Burning Money: The Material Spirit of the Chinese Lifeworld*, Honolulu 2011; ausführlich dazu Wolfgang Scheppe (Hg.), *The Supermarket of the Dead. Burnt Offerings in China and the Cult of Globalized Consumption*, Ausstellungskatalog, 3 Bde, Dresden: Staatliche Kunstsammlungen 2015.

117 https://www.bbcearth.com/news/will-fashion-firms-stop-burning-clothes (2018), aufgerufen am 18. Dezember 2022.

118 Cesare Ripa, *Iconologia overo descrittione delle imagini universali*, Roma 1593, S. 270.

119 Alvin Langdon Coburn, *Auf der Suche nach der Schönheit. Schriften zur Fotografie*, hg. von Inge-Cathrin Hauswald und Bernd Stiegler, Paderborn 2015, S. 324; zu Coburn Bernd Stiegler, *Photographische Porträts*, München 2015, S. 11–36.

120 Das geht möglicherweise nicht nur mir so: Siehe Denise Riley, »What I Want Back Is What I Was«, in: Dies., *Impersonal Passions*, Durham/London 2005, S. 29–47.

Dank

Der Umgang mit den schönen Dingen ist eine intime Sache, sie braucht Vertrauen. Ohne solches Vertrauen wäre dieses Buch nicht möglich gewesen, und auch nicht ohne vielfältige Hinweise und Hilfen: Danke an Daniel Allemann, A. B., Andreas Cremonini, B. D., W. D., Thomas Ertl, Michael Hagner, Sibylle Hoimann, Krassimira Kruschkova, Andreas Mader, Christian Lechelt, Matthias Noell, I. P., Monika Rinck, Alexander Schmitz, Bernd Stiegler, Andrea Roedig, C. S., M. V., Michael Wildt und all die Freundinnen und Freunde, die mich in ihre Schreine haben eintreten lassen, als Ungläubigen und Spion.